板書で分かる

小学校外国語活動“Let's Try! 2”の授業づくり 4年

江尻寛正 著

明治図書

はじめに

本書は，外国語活動の授業について，次のような思いをおもちの先生に読んでいただきたいと思って執筆しました。

・中学年での外国語活動の授業のイメージをパッとつかみたい！
・「楽しかった！」で終わらず，「○○を学んだ！」という授業をしたい！
・板書を構造化して授業の流れを視覚的に分かるようにしたい！
・多様なニーズがある子どものために，ユニバーサルデザインの授業をしたい！
・効率良く授業の準備をして，働き方改革を進めたい！

外国語活動は先生方にとって未知の部分がまだあると思います。その理由は，「外国語活動は聞く話す中心の英語に慣れ親しむ授業である」と頭では分かっているものの，自分が受けてきた英語の授業が読み書き中心の英語を覚える授業だったために，どのように進めれば良いかがイメージしにくいからだと思います。あわせて，これまで高学年で行われていた外国語活動が中学年での実施に変わることで，発達段階に応じた外国語活動について改めて考える必要があるからだと思います。

また，外国語活動の授業が，「とりあえず楽しいゲームをしておけばOK！」になってしまっていることも課題です。「買い物ごっこやじゃんけんゲームを行って学びになっているのか」「他教科と比べて変に高いテンションになってしまうことはどうなのか」と，今の外国語活動のイメージに違和感を感じている先生もおられるはずです。

そして，配慮を要する子どもに対して，外国語活動ではどのような支援をすれば良いかに頭を悩ませる先生もおられると思います。音声による認知に困り感を感じている子どもに対して，他教科であれば様々な視覚支援を行っているのに，外国語活動では文字を見せることがはばかられる……。勝ち負けにこだわる子どもに対して，ゲーム中心の授業では最後に結局トラブルが起きてしまう……。そんな授業に心当たりがある先生もおられるのではないでしょうか。

外国語活動のねらいはコミュニケーション能力を養うことであり，やればやるほど人間関係が良くなっていくはずが，やればやるほど先生にも子どもにも苦しさが生まれているなら，何かを変える必要があるということです。では，何を変えれば良いのでしょうか。

本書では，全ての時間の板書例と指導のポイントを見開きで示しています。それが，何を変えれば良いかのヒントになるはずです。

・板書例で，授業の全体像がパッとつかめます！
・板書例で，必要な準備物がイメージできます！
・指導のポイントを見れば，子どもたち同士を関わらせる場面が分かります！
・指導のポイントを見れば，授業改善の場面と方向性が分かります！
・指導のポイントを見れば，授業での評価場面が分かります！
・板書の工夫は，ユニバーサルデザインの授業につながります！
・板書の工夫は，主体的な学びにつながるふりかえりの充実につながります！

１年間，全ての教科の全ての授業を充実させることが理想です。しかし，現実には，トラブルがあった子どもの話を休み時間に聞いていたために授業準備の時間がなくなり，職員室から教室に向かうまでの間に進め方を考える日もあることと思います。そんな日々を過ごす先生にこそ，本書を活用してほしいと思います。『Let's Try!』の指導書は，活動が指導順に掲載されていませんが，本書を見れば基本的な流れが分かります。また，本書で使用している絵カード等の教材は，各校に配付されているデジタル教材を基本にしていますので，教材作成も短時間で終わります。そして，本書の特徴である構造化された板書例を活用すれば，支援が必要な子どもの学びを手助けすることができます。効率良く，一定の質を確保した外国語活動の授業を行うことは，他教科の授業や学校行事を充実させることにもつながるはずです。もちろん，指導の留意点が詳しく書かれている文部科学省の指導案を時には読み込み，目の前の子どもたちにぴったり合う言語活動を設定し，コミュニケーション能力をグッと伸ばす外国語活動の授業を行ってほしいと思います。それは，子どもの実態を理解している担任や授業担当者だからこそできることです。

本書が，外国語活動の授業充実のきっかけになり，他教科や学校行事にも良い影響を与えることで，小学校教育全体が充実していくことを心から願っています。

著者　江尻 寛正

本書の構成 ［板書編］

板書には，基本的にアルファベットは示していません。また，英語の音をカタカナやひらがなで示している板書がありますが，これは聴覚での認知が弱い子どものための配慮です。その場合も，教師が示すのではなく，やり取りをしながら子どもが口にした音を表記します。

この数字は，活動順です。指導のポイントとリンクしていて，どの活動かが分かるようにしています。

そのため，板書しない活動には番号がありませんし，実際の授業で板書するものではありません。

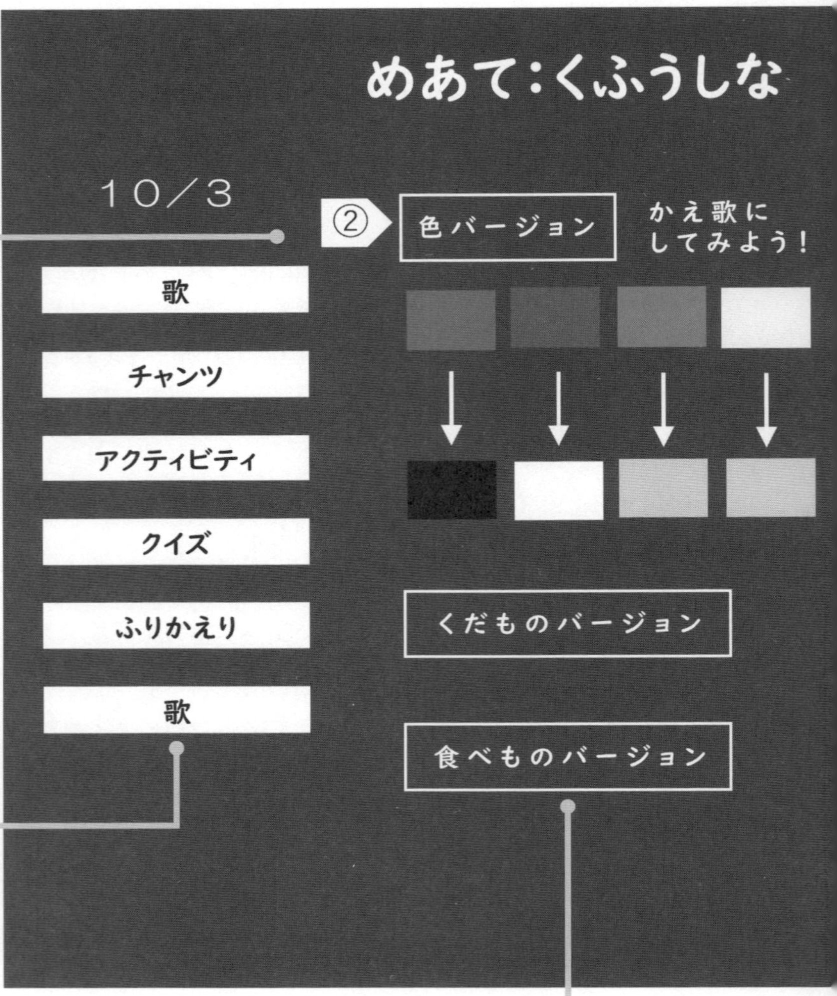

本時の流れを左端に示しています。
「歌」→ Let's Sing
「LL」→ Let's Listen
「どう画」→Let's Watch
「LWT」　and Think
を表しています。

黒板に白抜きで書いているものは，教師がチョークで直接書く部分です。

指示，見取りで気付いたこと，イラストなどを書いています。

めあてを示すタイミングは示していませんが，子どもの思考の流れに沿うように，状況に合わせて引き出すようにします。

このような図表や「テキストp.○ の拡大」などと示しているものは掲示物です。事前に作成しておきましょう。

がら、すすんでたずねたり答えたりしよう！

③

名前	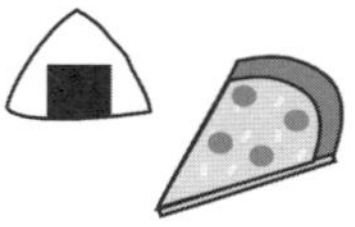		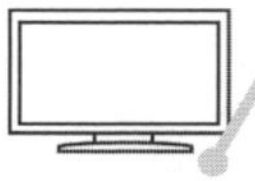 テレビ番組
あなた			

つけくわえるなら・・・

・あいさつ
・はんのう

	↓	↓	↓
よそう	ラーメン？ すし？	水色？ オレンジ？	アニメ？ ニュース？
	↓	↓	↓
けっか	ラーメン	黄色	ドラマ

・つたわらない時、ジェスチャー！
・うなずきながら！
・ふだん、あまり話さない人とも！

④ 

①山本さん
②佐藤くん
③中村さん

ふきだしの中には，つぶやきや反応など，子どもの気付きを書いています。ふりかえりの時間に触れるようにします。

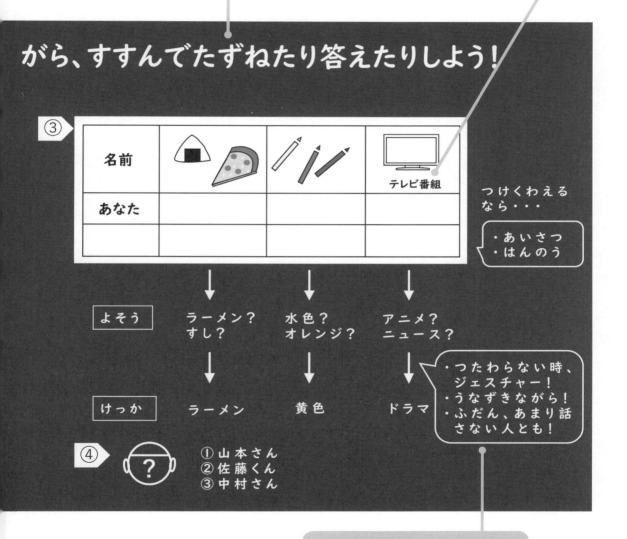

本書の構成［指導のポイント編］

このページは，活動について簡潔に説明するとともに，「主体的・対話的で深い学び」，学級づくりと大きく関係する「子ども同士を関わらせる場面」，「評価をする場面」の３つがどの活動に位置付けられているかについて，アイコンを使用することで一目で分かるようにしています。

この数字は，板書とリンクしています。どの活動かが分かるようにしています。
板書しない活動は，板書に数字が書かれていません。

・【○○】はテキストに掲載がある活動
・【　】がない活動はテキストには掲載がない活動

本時の内容（・）とポイント（★）

❶歌　Hello Song p.8
・【LS】を歌わせる。
★「I'm good.」は自分に合わせて変え，挨拶等に慣れ親しませます。
❷【Let's Chant】What do you like? p.19
・【LC】を歌わせる。
★色編を，ペアで役割分担しながら歌わせます。その後，児童が尋ねる側，教師が答える側になり，「I like blue.」の色の部分を替え歌にして教師が歌います。同様のことにチャレンジする児童を募り，何度か取り組ませ，果物編，食べ物編も行いながら，「What ～ do you like?」の表現に慣れ親しませます。
Ⓐ

❸ステレオ・ゲーム
・ゲームに取り組ませる。
★ food，fruit，sport 以外に，color，number もカテゴリーに加えます。代表児童４名を前に出し，例えば「What color do you like?」と全員で尋ね，代表４人が一斉に「I like ～.」と答え，誰が何と言ったかを当てさせます。
★「What did 鈴木さん said?」「Who thinks “red”?」とやり取りをしてから，鈴木さんに全員で「What color do you like?」と尋ねて答え合わせをします。「Me, too.」等の反応を称賛します。
Ⓐ ♥

ふりかえり

今日は何か発見があった？　確かに，自分たちが尋
分たちで英語にできたね！　工夫すれば，英語で色
きるね！　すごい！　反応する人が増えて，英語で
める人が増えてきたね！

教師がふりかえりで話す言葉の例を示しています。めあてと関わらせて本時をふりかえるとともに，子どもの主体的な学びを励ますようにします。

各活動について，内容（・）とポイント（★）に分けて説明しています。

❹【Activity 1】p.20
・インタビューに取り組ませる。
★デジタル教材を使用して活動のイメージをもたせるとともに，「Me, too.」「Thank you.」「I see.」といった反応を取り上げます。反応がある良さを考えさせることで，相手意識を育てるようにします。

★その後，同じ班の３人の好きなものの予想をテキストに書かせ，まず横の人とやり取りを行います。積極的な発話や良い関わりの児童を中間評価で取り上げて全体に広げ，２回目以降につなげます。

❺【Activity 2】p.21
・次時への見通しをもたせる。
★【Activity 2】の表の右端が空欄になっていることを確認し，前時を想起させ，クラスで尋ね合いたいカテゴリーを記入させます。
★それを尋ねるには，英語でどう言えば伝わるかを児童に考えさせます。そのカテゴリーを英語で言うのが難しい場合は，無理せずに日本語のまま行います（例：What テレビ番組 do you like?）。

❻ふりかえり（下記参照）
❼歌　Goodbye Song p.8
・【LS】を歌わせる。
★前時と同様に行います。

ねたいことを，自
々なやり取りがで
尋ね合うのを楽し

自分たちが聞きたいことを，自分たちで英語にできたことにビックリした！

「子ども同士を関わらせる場面」のアイコンです。直前の下線部が具体的なポイントを示しています。

「主体的・対話的で深い学び」のアイコンです。直前の下線部が具体的なポイントを示しています。

「評価をする場面」のアイコンです。直前の下線部が具体的なポイントを示しています。

子どもがふりかえりでつぶやく言葉や，心で思うことの例を示しています。

最後にこういった思いを子どもがもつように，授業中に声かけを行うことが大切です

Contents

第１章

「小学校外国語活動」成功のポイント

1 小学校外国語指導のポイント

外国語活動と外国語科に共通すること

学習指導要領の目標で，小学校外国語指導のポイントを確認します。

外国語活動（中学年）	外国語（高学年）
外国語によるコミュニケーションにおける見方・考え方を働かせ，	外国語によるコミュニケーションにおける見方・考え方を働かせ，
外国語による聞くこと，話すことの言語活動を通して，	外国語による聞くこと，読むこと，話すこと，書くことの言語活動を通して，
コミュニケーションを図る素地となる資質・能力を	コミュニケーションを図る基礎となる資質・能力を
次のとおり育成することを目指す。	次のとおり育成することを目指す。

外国語活動と外国語の目標で共通している部分（上表の下線部）に注目します。両方に書かれているということは，小学校外国語指導のポイントであるということです。

場面設定を行い，思考と試行がある活動を行おう！

１つ目は，「外国語によるコミュニケーションにおける見方・考え方を働かせ」という部分です。見方・考え方は，学習指導要領解説（外国語活動・外国語編）で次のように示されています。

> 外国語で表現し伝え合うため，外国語やその背景にある文化を，社会や世界，他者との関わりに着目して捉え，コミュニケーションを行う目的や場面，状況等に応じて，情報を整理しながら考えなどを形成し，再構築すること。

この記述を授業の具体的な場面に置き換えると，次のように考えられます。

○社会や世界，他者との関わりについて考えること
→ただ外国語を聞いたり話したりではなく，相手意識をもたせるようにする
○コミュニケーションを行う目的や場面，状況等があること
→ただ外国語を聞いたり話したりではなく，場面設定を行うようにする
○情報を整理しながら考えたり，再構築したりすること
→ただ外国語を聞いたり話したりではなく，思考・判断と試行錯誤をさせるようにする

適切な言語活動を設定しよう！

２つ目は，「言語活動を通して」「コミュニケーションを図る素地（基礎）となる資質・能力を次のとおり育成する」という部分です。

私が中学生の時は，「否定文は動詞の前に don't を入れます。例えば，I don't like apples. とすれば，私はりんごが好きではないになります。分かりましたか？」と教えられました。

しかし，これからの授業では英語を一方的に理解させるのではなく，実際に英語を使う言語活動を設定し，気付き・慣れ親しみ・理解するといった流れの中で，コミュニケーションを図る資質・能力を育成することが大切です。授業の具体的な場面では，次のように考えられます。

・言語活動を通して学ぶということ
→理解させた後に活用という流れだけではなく，活用しながら学ばせるようにする
・コミュニケーションを図る資質・能力を育成すること
→学習の対象としてだけではなく，コミュニケーション場面で自分の思いを伝えたり相手の思いを汲んだりしながら，道具としての英語を学ぶようにする

POINT

・小学校外国語の授業では，コミュニケーションを図る目的や場面を設定し，どのように工夫すれば相手に思いを伝えられるかを考える場面を授業に位置付けることが大切です。
・何を学ぶかとともに，どのように学ぶかという点も重要です。教師が教えたことを再生させるだけではなく，言葉を実際に使いながら，相手と気持ちや考えをやり取りできる力を育成することが大切です。

2 中学年指導のポイント

外国語活動の目標から見えること

学習指導要領の目標で外国語活動の指導のポイントを確認します。

外国語活動（中学年）	外国語（高学年）
外国語によるコミュニケーションにおける見方・考え方を働かせ，	外国語によるコミュニケーションにおける見方・考え方を働かせ，
外国語による聞くこと，話すことの言語活動を通して，	外国語による聞くこと，読むこと，話すこと，書くことの言語活動を通して，
コミュニケーションを図る素地となる資質・能力を	コミュニケーションを図る基礎となる資質・能力を
次のとおり育成することを目指す。	次のとおり育成することを目指す。

外国語活動と外国語の目標で記述が違う部分（上表の下線部）に注目します。違っているということは，外国語活動・外国語それぞれのポイントであるということです。

１つ目は，外国語活動では「聞くこと」「話すこと」の２技能であるということです。

中学年では，外国語の音声に十分慣れ親しませることが大切です。教師は自身の外国語学習経験から文字をすぐに出してしまいがちですが，グッとこらえることが大切です。２歳の子どもが母語を獲得していく過程において，大人が多くの言葉をかけたり，子どもの思いを汲んで話を聞いたりするイメージです。言葉を使って人と気持ちがつながったという経験を積ませることが大切です。そのためには，教師の関わり方がとても重要です。

２つ目は，外国語活動ではコミュニケーションを図る「素地」を養うということです。

言い換えれば，「慣れ親しみ」を大切にするということです。外国語と日本語の音の違いや，他国との文化の違いに気付かせながら，外国語を用いてコミュニケーションを図る意欲を十分に育みます。そのためには，相手とやり取りする言語活動を設定することが大切です。どのように言葉を使えば相手に思いを伝えられるかを考えたり，外国語を話す相手の言いたいことを理解しようとしたりする経験を積ませます。中学年の外国語活動において，コミュニケーションを図る素地を耕しておくことが，今後の外国語教育充実のためにはとても大切です。

発達段階から見えること

学習指導要領解説（総則編）の生徒指導の部分に中学年の発達段階についての記述があります。

> 中学年では，社会的な活動範囲が広がり，地域の施設や行事に興味を示し，自然等への関心も増えてくるとともに，自分の行為の善悪について，ある程度反省しながら認識できるようになる。このため，自分を内省できる力を身に付け，自分の特徴を自覚し，そのよい所を伸ばそうとする意識を高められるよう指導するなどの指導上の工夫を行うことが求められる。

中学年は一般的に，授業が進めやすい学年と言われます。理解力がそれなりにあり，教師の提案にも積極的にのってくるからです。

しかし，それに甘えてしまい，指導上の工夫を怠ることがないようにする必要があります。

・目的や目標を児童と共通理解することで，積極性を高めるようにする
・理解力がついてきたからこそ，考える視点を増やしてさらに理解力を高める
・考える視点の１つとして自己を見つめるものを入れ，主体的な学びにつなげる
・主体的な学びを通して，自分の良い所を伸ばすことができるようにする

POINT

中学年の授業では，コミュニケーションを図る目的や場面を設定したうえで，考える視点（日本語と英語の違い，相手意識）を与えることが大切です。また，それについて，自己をふりかえる場面を設けることが発達段階に応じた外国語活動のねらいの達成につながります。

3 授業での学級づくりのポイント

学級づくりのイメージ

学級づくりと言えば，どんな取組をイメージするでしょうか。

・学級開きの日に担任としての方針を示す
・友だち同士で良い所を伝え合う
・教師から子どもに秘密のお手紙を渡す
・学級通信で子どもたちの良い行動を保護者とも共有する
・クラスで話し合いをしながら学校行事に時間をかけて取り組む

私は若い時，色々な取組をしながら，学級づくりに力を入れていました。周りの先生方も様々な実践をされていたので，それを参考にチャレンジしてきました。ある時，特にすばらしい学級づくりをされている先輩に「どんな実践をしていますか？」と尋ねると，「特別なことはしていない」という答えが返ってきました。すばらしい学級づくりをするためには，特別な実践が必要だと考えていた私は，そんなことはないと思い，しつこく尋ねたところ，「まぁ，あえて言うなら授業かな」という答えが返ってきました。当時の私は，「授業は学力向上の時間でしょ。学級づくりはできないんじゃないの？」と懐疑的でしたが，今はその意味が良く分かります。

学習指導における生徒指導

文部科学省は生徒指導提要において，学習指導における生徒指導を次のように示しています。また，これが学級づくりにもつながる旨が書かれています。

> 学習指導における生徒指導としては，次のような二つの側面が考えられます。一つは，各教科等における学習活動が成立するために，一人一人の児童生徒が落ち着いた雰囲気の下で学習に取り組めるよう，基本的な学習態度の在り方等についての指導を行うことです。もう一つは，各教科等の学習において，一人一人の児童生徒が，そのねらいの達成に向けて意欲的に学習に取り組めるよう，一人一人を生かした創意工夫ある指導を行うことです。

前者は，授業規律として「〇〇小学校スタンダード」という名称でよく示されています。

・チャイム着席
・筆箱，教科書，ノートの机上での場所
・座り方（足を床につけて，腰を伸ばして，視線は前に）
・声の大きさ
・ハンドサイン（グーは同意見，チョキは反対意見，パーは質問）
・話し合いの仕方やノートの書き方　　など

これらは，学年が上がってクラス替えがあったり，担任が替わったりしても，学習にスムーズに取り組むことができるようにと考えられているため，統一したものを書面等で共通理解し，授業規律として徹底している学校が多くあると思います。

では，後者についてはどうでしょうか。前者が書面等で共通理解するのと比べると，あまり強調されていないように思います。生徒指導提要においても，次のように示されています。

> これまで学習指導における生徒指導というと，どちらかといえば，前者のことに意識が向きがちであったと言えます。しかし，先の調査の結果からも，これからの生徒指導においては，後者の視点に立った，一人一人の児童生徒にとって「わかる授業」の成立や，一人一人の児童生徒を生かした意欲的な学習の成立に向けた創意工夫ある学習指導が，一層必要性を増していると言えます。

つまり，授業規律面のみならず，子どもが学習に意欲的に取り組む指導を行うことも必要だということです。もちろん，当たり前のように行っている方が多いはずです。

例えば，「わかる授業」についてです。

・学級の子どもたちの興味関心に合わせた題材の選定
・理解度に応じた課題の提供
・スモールステップでの指導　　など

「一人一人の児童生徒を生かした意欲的な学習」についても同様です。

・意図的な指名
・ペア活動，グループ活動の実施
・個別の声かけ　　など

大切なのは，当たり前に実施しているこれらの取組を意図的に行うということです。授業場面において，生徒指導面も意識することで，学習指導が学級づくりにつながります。

特に，人とつながるコミュニケーション能力を育成する外国語教育においては大変重要です。外国語の授業において，意図的に生徒指導面の指導も行うことで，子どもの学校生活が有意義になり，コミュニケーション能力を十分に伸ばすことにつながります。

外国語活動の授業での学級づくり

では，外国語活動の授業のねらいを達成しつつ，同時に学級づくりにつなげていくためには，どのようなことを意識すればよいのでしょうか。

生徒指導提要では，子どもの個性の伸長，社会的に自己実現できる資質や態度，自己指導能力を育成するために，次の３つの視点に留意することが示されています。

①児童生徒に自己存在感を与えること
②共感的な人間関係を育成すること
③自己決定の場を与え自己の可能性の開発を援助すること

外国語活動の授業では，言語活動が重視されています。言語活動は，『小学校外国語活動・外国語研修ガイドブック』（文部科学省）において，「実際に英語を用いて互いの考えや気持ちを伝え合う」活動と定義されています。つまり，適切な言語活動が設定された状態というのは，生徒指導提要③の「自己決定の場を与え」とつながります。逆に言えば，教師が話す英語を繰り返すだけだったり，ゲームに取り組ませるだけだったりでは，外国語活動として不十分なだけではなく，学級づくりにもつながらないということです。

外国語活動として適切な言語活動を設定したうえで，学級づくりの視点も意識した関わりを教師が率先して行い，子ども同士の関わりの場面でも積極的に称賛するようにします。具体的には，子どもが自分の考えや気持ちを口にした時，共感的な態度で応答し，相手の意見を認めるということです。よくあるのが，子どもが発した英語だけに注目して評価してしまうことです。外国語活動において学級づくりにつながるコミュニケーション能力を育むために，ぜひ子どもが話す内容に注目するメガネをいつも教師がかけるようにしてほしいと思います。

話す内容に注目する外国語活動の授業場面

Small Talk の場面

What fruit do you like?

Apple!

正しくは，「I like apples.（複数形）」なんだけど…

英語を教えるやり取り

教　師「One more time, please. 」
「What fruit do you like? I …」
子ども「あ～。I like apple.」
教　師「No. I like apple‘s’.」
子ども「I like apples.」
教　師「OK! Nice!」

学級づくりにつながるやり取り

教　師「Oh, you like apples.」…①
「I like apples, too.」…②
「Do you like peaches?」
子ども「Yes. I like peaches.」
教　師「You like peaches, too.」…③
子ども「Yes. I like peaches, too.」

外国語教育は，外国語を用いた言語活動を通して，コミュニケーション能力を育成することが目標です。つまり，外国語という言葉の獲得がゴールではありません。

上の左側の「英語を教えるやり取り」を日本語で考えると，コミュニケーションとしての不自然さが分かると思います。「好きな食べ物は何？」と尋ねて，「りんご」と返ってきているのに，「ちがう！（No)」と言っているわけです。教師の気持ちが分からないではないですが，外国語が理解できたとしても，このやり取りでコミュニケーション能力を育てるのは難しいように思います。

右側のように，①で相手の存在を認め，②で相手の意見に共感することから始めるのが大切です。外国語による言語活動を通して，しっかりコミュニケーションを図ったうえで，③で外国語の理解を促す気付きを与えるようにするわけです。

POINT

コミュニケーション能力を育成するために，まずは子どもが話した内容に注目し，相手の存在を認め，共感することを重視します。これは，外国語活動のねらいと学級づくりの両方につながります。

4 主体的・対話的で深い学びからの授業改善のポイント

★外国語活動における主体的・対話的で深い学び

学校教育における質の高い学びを実現するために，「主体的・対話的で深い学び」の視点からの授業改善が求められています。小学校外国語教育においても，「小学校外国語活動・外国語研修ガイドブック」（文部科学省）の中で，具体的な視点が次のように示されています。

【主体的な学び】

・コミュニケーションを行う目的・場面・状況等を明確に設定する
・学習の見通しを立てたり振り返ったりする場面を設ける
・発達の段階に応じて，児童が興味関心をもつことのできる題材を取り上げる
・身の回りのことから社会や世界との関わりを重視した題材を設定する

【対話的な学び】

・他者と情報や考えを伝え合う活動を設ける
・他者を尊重しながら対話を図る活動を設定する
・他者の考えに触れて自らの考えを振り返ったり深めたりするよう促す

【深い学び】

・「知識及び技能」「思考力，判断力，表現力等」「学びに向かう力，人間性等」の３つの柱が総合的に育成されているかに留意しながら，単元を計画する
・コミュニケーションを行う目的・場面・状況等を明確にした言語活動を設定し，児童にとって必然性のある活動を効果的に設計する

これらの視点とともに学習過程が例示されており，その流れを単元や授業に位置付けることで，「主体的・対話的で深い学び」を推進することができるとされています。

外国語活動の学習過程（外国語活動・外国語研修ガイドブックの例示より）

①設定されたコミュニケーションの目的・場面・状況を理解する
②目的に応じて情報や意見などを発信するまでの方向性を決定し，コミュニケーションの見通しを立てる
③対話的な学びとなる目的達成のため，具体的なコミュニケーションを行う
④言語面・内容面で自ら学習のまとめと振り返りを行う

①〜④の流れは，今までの外国語活動の授業イメージと大差ないと思います。しかし，今求められているのは，授業改善です。新学習指導要領の全面実施をきっかけに，「今まで通りすれば良い」ではなく，「何かを変えることで，より良くする」ことが大切です。そのために，これらの学習過程をあえて逆の視点から見直し，理解を深めてほしいと思います。

①コミュニケーションの目的・場面・状況が設定されていない

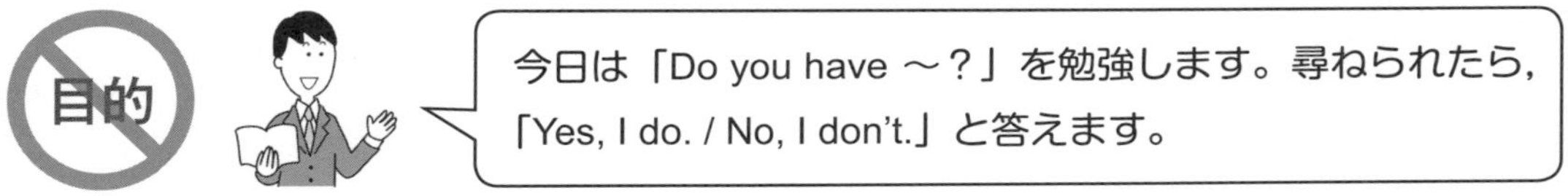
目的
今日は「Do you have 〜？」を勉強します。尋ねられたら，「Yes, I do. / No, I don't.」と答えます。

この例を見ると，一見，目的があるように見えます。「Do you have 〜？」という英語表現を学ぶという目的です。しかし，ここで留意することは「コミュニケーションの目的」になっているかどうかということです。

確かに，「Do you have 〜？」と尋ねられて「Yes, I do.」と答えるのは間違いではありません。しかし，それを学問としての視点で見るのと，コミュニケーションの道具として使う視点で見るのとでは違ってきます。

例えば，「Do you have〜？」という表現を用いる場面はどのような状況でしょうか。子どもにとって身近な例で考えると，自分が消しゴムを忘れた時，隣の友だちに持っているかどうか尋ねる場面が考えられます。このような時，答えは「Yes, I do. / No, I don't.」なのでしょうか。それも間違いではないですが，「Here you are. / Sorry.」がより適切とは考えられないでしょうか。

教師は，学問としての英語ではなく，コミュニケーションの道具として英語に出合わせるように意識し，子どもたちに気付きや興味が生まれるようにすることが大切です。

②情報や意見を発信する方向性がない

では，今から Let's Watch and Think を見ます。しっかり集中しましょう。

「集中しましょう」という言葉は，教師がよく使うフレーズだと思います。しかし，何に集中するかが子どもと共通理解できていないことがあります。例えば，「集中して宿題をしましょう」と教師が言った場合，教師の願いは「しゃべらずだまって宿題をする」であったとしても，「テスト前だからたくさんやりなさいってことだな」「とにかく短時間で終わらせなさいってことだな」と子どもによって捉え方が違う場合があり，次の日に提出される宿題の内容に大きな違いが生まれることもあります。

外国語活動の Let's Watch and Think や Let's Listen でも同様です。「集中しながら，見て考えましょう」「しっかり聞きましょう」だけでは，方向性がバラバラになることがあります。「ジョンの好きな食べ物はこの中の何だと思う？」と事前に投げかけることで，子どもの頭の中に課題意識が生まれ，何を見るか，何を聞くかの焦点化を図ることができます。

教師は，活動の提示とともに方向性を示すことが大切です。

③対話的な学びになっていない

１人が What color do you like? と尋ね，もう１人は自分が持っているカードの色を答えましょう。

子どもたち全員にランダムに色カードを配り，ペアで「What color do you like ?」「I like blue.」「Oh, nice!」とやり取りを行い，終わったらカードを交換して次のペアを探して……。

これは確かに英語を用いた活動です。しかし，対話と言えるでしょうか。おそらく色カードは相手に見えていることでしょう。聞く必然性がありません。「Oh, nice!」を言うことがあらかじめ指示されていたとすれば，何がナイスなのかが分かりません。さらにここに，「アイコンタクトをしましょう」と指示が加わり，教師が「○○くんはアイコンタクトができていた！」と評価を行えば，この活動が一体何を目指しているのかが分からなくなります。

文部科学省は，対話をするだけではなく，学びの部分も求めています。他者の考えを知ること，他者を尊重すること，自分を振り返ることを活動の中に組み入れる必要があります。

色の英語表現に慣れ親しむ段階でカードの色を言わせる段階があってもいいと思います。しかし，単元の最後には，やはり自分が本当に好きな色を言える活動を行う必要があります。また，相手の本当の気持ちや考えを聞くからこそ，反応が生まれます。その表現を事前に示すのではなく，日本語等で反応している場面を教師が見取り，それを英語表現に変えるのが教師の役目です。そして，アイコンタクトをしたことではなく，アイコンタクトをしたことによって相手との対話がどうなったかが大切です。「しっかり目を見てくれていたから，話しやすかった」といった言葉を引き出すことで対話的な学びになるはずです。

教師は，本当の気持ちを伝え合う言語活動を設定し，学びの視点を与えることが大切です。

④言語面・内容面のまとめとふりかえりがない

今日の授業は楽しかったですか？　楽しかったことを書きましょう。

「外国語活動はゲームをして，子どもが楽しむことが大切だ！」というイメージが少なからずあるように思います。確かに，つまらなさそうに子どもが英語を話す授業より，楽しそうに英語を発話している方が良いと思います。しかし，それは態度面だけの話です。教師はそれで満足せず，外国語活動の学びになっているかという視点をいつももっておく必要があります。

例えば，キーワードゲームで考えます。子どもが楽しんでいるから良いではなく，そこに学びの視点を入れ，評価していくことが大切です。例えば，果物をテーマにした時，「Apple」と「アップル」を教師が使い分けたらどうでしょうか。子どもはひっかかりを感じて，「先生，なんかおかしい！」と言うはずです。日本語と英語の音の違いに気付かせる手立てです。この気付きを子どもの言葉にして板書に位置付けておき，最後のふりかえりでふれるようにします。子どもに自分の頭で再構成して言語化させることで，次からも意識できるようになります。

外国語活動は慣れ親しみが目標ですが，「繰り返せばいつか慣れる」と根性論で授業を行うわけではありません。教師は意図的に活動を仕組み，目標に沿った視点でふりかえりを行わせることが大切です

POINT

外国語活動の授業において，主体的・対話的で深い学びからの授業改善を行うには，次のような視点が大切です。

・場面の中で，コミュニケーションの道具として英語に出合わせる
・活動の指示だけではなく，何を目標にするのか方向性を示す
・本当の気持ちを伝え合う言語活動を設定する
・目標に沿った視点を与えてふりかえりを行う

5 配慮を要する子どもの指導のポイント

「聞くこと」が苦手な子どもに対する配慮

通常の学級にも一定の割合で配慮や支援を要する子どもがいると言われています。例えば，物事を認知する方法には，聴覚優位，視覚優位，言語優位等があり，それぞれに適切な支援を行うことで学習が円滑に進みます。聴覚優位の子どもにとっては，音声中心の外国語活動は楽しく取り組める授業だと思います。では，視覚優位や言語優位の子どもにとってはどうでしょうか。音声中心いう部分は大事にしつつ，教師は様々な認知の方法に対応した手立てを普段から行っておくことが大切です。私が行っていた手立てを簡単にまとめると次のようになります。

音声での指示 （聴覚優位）	＋	**デモンストレーションでの指示** （視覚優位）	＋	**板書の工夫** （言語優位）

具体的な例で紹介します。

ALT：What fruit do you like, 江尻先生？
教師：I like apples.（音声）
I like apples.（片手を胸に当て，りんごを食べるジェスチャーをしながら）
I like apples.（黒板のりんごの絵カードの下にハートマークを貼りながら）
Do you like apples?（子どもたち全体を手で指し示し，りんごの絵カードを見せながら）

便宜上，３回同じことを言っていますが，いつもしていたわけではありません。１回目から全ての手立てをすることもありました。また逆に，ジェスチャーや絵カードをすぐに出さないこともありました。理由は，ジェスチャーや絵カードに頼りすぎると，音声を聞こうという姿勢が減退するからです。本書では，全時間の板書例を示しています。視覚優位，言語優位の子どもへの配慮や支援には有効です。ぜひ活用いただけたらと思います。ただ，長い目で見た時，いつも配慮されている状態が良いのかというとそうではないはずです。子どもたちが社会に出る時に，外国語を用いたコミュニケーション能力を身に付けている状態を教師がしっかりイメージし，今の段階ではどの手立てを行い，どの手立てを行わないのかを判断することが大切です。その判断こそが，本当の意味での教師の支援だと思います。

勝ち負けにこだわる子どもに対する配慮

例えば，キーワードゲームを始めてしばらく経つと，「○○さんが手を頭の上に置いていません！」「○○くんより，俺の方が早く消しゴムとったのに奪った！」と文句の言い合いを聞くことがあります。同じような経験をされた方もおられるのではないでしょうか。こういったトラブルを減らすためには，教師が子どもに与える視点が大切だと考えています。活動の前後に教師がかける言葉を変えることで，改善することもあります。例えば，インタビュー活動の場面で考えます。

A

インタビュー活動をします。
できるだけたくさんの人に尋ねましょう。

B

インタビュー活動をします。
気持ちの良いやり取りをする人を見つけましょう。

AとBでは，子どもの受け止め方が変わります。勝ち負けではなく，良い所見つけに視点を変えることで，自分視点が相手視点に変わります。関わり方に目を向けさせることは，外国語活動で大事にされる相手意識をもたせることであり，学級づくりにもつながります。外国語活動の授業では，コミュニケーション能力を育成するという視点で声かけをすることが大切です。

POINT

外国語活動の授業は音声中心となるため，板書の工夫等，視覚優位・言語優位等の子どもにも配慮した支援が大切です。ただ，支援をする時としない時とを判断することこそが教師の本当の支援です。

競争の視点だけではなく，関わり方に目を向ける声かけをすることで，コミュニケーション能力を伸ばすようにしましょう。

第2章

“Let's Try! 2”
35時間の板書と授業づくり

Unit 1 Hello, world!

世界のいろいろなことばであいさつをしよう［2時間］

目標

・さまざまな挨拶の仕方があることに気付くとともに，さまざまな挨拶の言い方に慣れ親しむ。（知識・技能）
・友だちと挨拶をして，自分の好みなどを伝え合う。（思考・判断・表現）
・相手に配慮しながら，友だちと挨拶をして，自分の好みなどを伝え合おうとする。（主体的に学習に取り組む態度）

中心となる言語活動と単元の見通し

中心となる言語活動　クラスの友だちと好きなことやきらいなことを尋ね合う。

『Let's Try!２』の最初の単元なので，今後どのような活動をしていくのかを説明します。また，「Let's Try!」というタイトルに込められた「間違いを恐れず，互いの気持ちや考えを伝え合おうとする」ことや，指導者が学級経営で大切にしたいこと等について語ります。そして，中心となる言語活動について，新しいクラスの仲間と，どんな挨拶や自己紹介がより良いかを考え，良い関わりをされた場合はどんな気持ちになるかをていねいにおさえます。その実感が，今後の外国語活動の授業や日常生活において，相手意識を自然にもてる行動につながります。

主な語彙・表現

表現例	Hello. Good [morning / afternoon / night]. I like (strawberries). Goodbye. See you.
新出語彙	morning，afternoon，night，world ［既出］挨拶・自己紹介，Do you like (blue)? Yes, I do. / No, I don't. 状態・気持ち，色，数（１～30），飲食物，果物・野菜，スポーツ，動物

単元を通した準備物

・デジタル教材　　・絵カード（国旗）

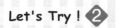

単元計画

	目標	活動（・）と評価の観点（★）
第1時	さまざまな挨拶の仕方があることに気付くとともに，さまざまな挨拶の言い方に慣れ親しむ。	・歌　Hello Song（『Let's Try! 1』 p. 8） ・世界の挨拶（1） ・【Let's Watch and Think 1】 p. 2 ★さまざまな挨拶の仕方があることに気付いている（知・技） ・世界の挨拶（2） ★さまざまな挨拶を聞いたり言ったりしている（知・技） ・【Let's Listen 1】 p. 3 ・【Let's Play】 p. 4 ・歌　Goodbye Song（『Let's Try! 1』 p. 8）
第2時	相手に配慮しながら，友だちと挨拶をして，自分の好みなどを伝え合おうとする。	・歌　Hello Song（『Let's Try! 1』 p. 8） ・【Let's Watch and Think 2】 p. 4 ・【Let's Listen 2】 p. 5 ★友だちと挨拶をして，自分の好みなどを伝え合っている（思・判・表） ・【Activity】 p. 5 ★相手に配慮しながら友だちと挨拶をして，自分の好みなどを伝え合っている（主） ・歌　Goodbye Song（『Let's Try! 1』 p. 8）

Unit 1

Hello, World!

世界のいろいろなことばであいさつをしよう

第1/2時

児童に慣れ親しませたい英語　Hello（他の国の挨拶等）. I'm Hiro（名前）.／I like ～. Do you like ～?

めあて：世界のあいさつをしてみよう！

4／10

- 歌
- 世界のあいさつ（1）
- LWT
- 世界のあいさつ（2）
- LL
- LP
- ふりかえり
- 歌

②④ p.2・3の拡大

・いろんな文字がある！アルファベットが多い！
・日本と中国のさい後は「。」
・おじぎ、あくしゅ、ハグ、おいのり？

③ 
①（あいさつ）→　②名前　クリス、メアリー
③言ってみよう！
④気づいたこと
あくしゅをしてた！

⑥ きょうつうする好きな物を見つけよう！

名前	すきなもの
中原先生	サッカー　すし　けん玉
さとうくん	サッカー　ラーメン
ロバート	けん玉　ドッジボール
さよ	けん玉　ドッジボール

えがお！
うなずき！
反のう！

①（　？　）→　②名前　エバ、デビ
③言ってみよう！
④体全体であいさつ！ていねいな感じ！

①（　？　）→　②名前　ミハイル、アンナ
③言ってみよう！
④あいさつの言葉が少し長い！

①（　？　）→　②名前　アリ、シンバ
③言ってみよう！
④子どもと大人であいさつがちがった！

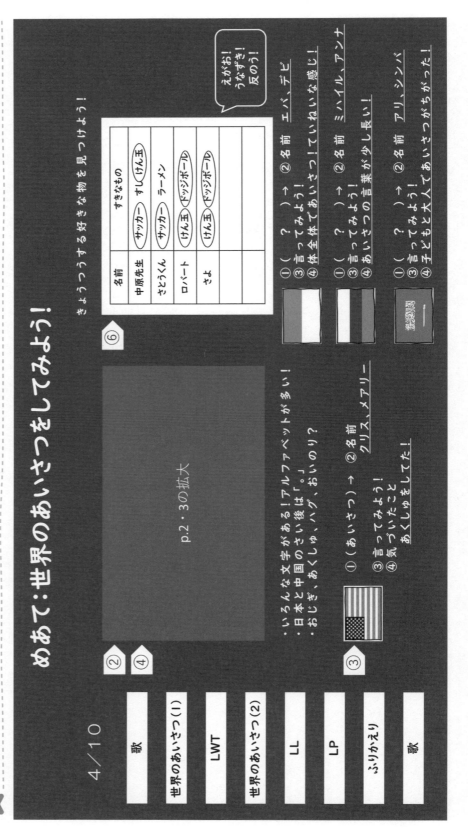

本時の内容（・）とポイント（★）

❶歌 Hello Song（『LT!1』p.8）
・歌を歌わせる。
★1回目はI'm good，2回目は他の表現に替えて数回歌い，挨拶やジェスチャーに慣れ親しませます。

❷世界の挨拶（1）
・p.2，3を見て，気付いたことを発表させた後，【LWT】を視聴させる。
★色々な国の挨拶の場面ということを確認した後，テキストを見て気付いたことを発表させます。
・さまざまな文字が使われている
・日本と中国は「。」で終わる
・お辞儀や握手，ハグがある
・アルファベットを使っている国がいくつかある

❸【Let's Watch and Think 1】p.2
・【LWT】を視聴させる。
★最初は慣れ親しみのある英語で話すアメリカの動画を見せて，「挨拶→名前」の順で言っていることを確認します。その後，他の国を視聴させます。
★何を視聴するかを焦点化させて数回視聴させます。
①挨拶で何というか
②名前は何か
③言えそうか
④日本と比べるとどうか
★日本との違いに気付いているかを評価します。

❹世界の挨拶（2）
・挨拶体験をさせる。
★教師が選んだ国の挨拶をペアでさせます。言えない場合は「One more time, please.」等を児童から引き出し，再度，【LWT】を視聴させます。積極的にその国の挨拶をしている児童を称賛します。抵抗がある児童へ配慮した上で，握手等を行うこともできます。途中から児童に国を選択させます。

❺【Let's Listen 1】p.3
・【LL】を聞かせる。
★音声のみを聞かせて，どの国の挨拶かを確認します。

❻【Let's Play】p.4
・好きなものを尋ね合わせる。
★教師が，挨拶・自己紹介・質問を行います。その後，Let's Play のロバートとさよのやり取りを聞かせ，活動のイメージをもたせます。
★「相手と共通する好きな物を見つけよう」と指示を出し，児童同士が新たな面でつながるようにします。中間評価で，友だちの良い関わりを発表させます。

❼ふりかえり（下記参照）
❽歌 Goodbye Song（『LT!1』p.8）
・歌を歌わせる。
★一度聞かせ，歌を想起させてから，二度目に歌わせます。

ふりかえり

今日は世界の色々な挨拶を聞いたり話したりしました。日本語との違いに気付いた人も多かったね！　今日が4年生の外国語活動のスタートです。3年生の時以上に色々なことにトライしていきましょう！

日本と世界の挨拶には違いがあった！　英語以外も調べてみたい！

Unit 1

Hello, World!

世界のいろいろなことばであいさつをしよう

第2/2時

★児童に慣れ親しませたい英語　I'm ～./I like ～./I don't like ～.

めあて：自分のこのみをつたえ合おう！

4／17

- 歌
- LWT
- LL
- アクティビティ
- ふりかえり
- 歌

②
LWT

No.1 「朝」
グッモーニン

No.2 「午後」
グッアフタヌ～ン

No.3 「夜」
グッナィ

自分からあいさつ！

両手でわたしてた！

ドリーム！
「お休み」＋一言

↓

日本語のあいさつは？
・おはよう／こんにちは／こんばんは
・いただきます／ごちそうさま
→日本らしいあいさつ！
・おつかれさま
・もうかりまっか／ぼちぼちでんな

③

名前	すきなこと	きらいなこと
1 たける		
2 さよ		
3 エミリー		

④

名前	すきなこと	きらいなこと
れん	バスケットボール スイミング	
あやめ	バスケットボール	スイミング

⑤ 4年生のえい語
言葉のおもしろさ ＋ えい語で伝え合う

・すすんであいさつしてくれた！
・たくさんしつもんをしてくれた！
・ジェスチャーもつけていた！
・反のうをしてくれた！

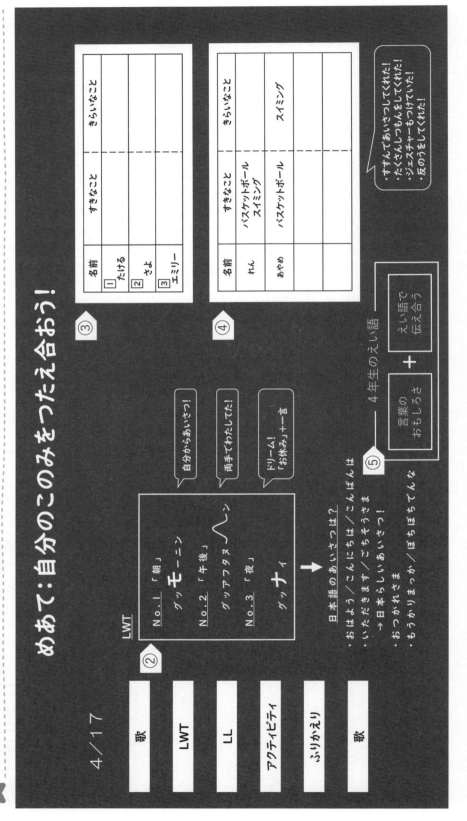

本時の内容（・）とポイント（★）

❶歌 Hello Song（『LT!1』p.8）

・歌を歌わせる。

★1回目は I'm good, 2回目は他の表現に替えて数回歌い，挨拶やジェスチャーに慣れ親しませます。

❷【Let's Watch and Think2】p.4

・【LWT】を視聴させる。

★視聴前に,「3つのあいさつの違いを見つけよう」と投げかけます。

★自分から挨拶していること，両手で物を渡していること等の良さにも触れるようにします。

★日本語の挨拶をいくつか出させて，言葉のおもしろさに気付かせるようにします。

❸【Let's Listen2】p.5

・【LL】を聞かせる。

★テキストの3人の名前を覚えているか尋ね，確認します。

★登場人物の「好きなこととそうでないことを聞き取ろう」と何をするかを焦点化し，実態に応じて，途中で止めながら行います。

★答え合わせは，教師が登場人物になりきり，「I like ～. Do you like ～?」「Me, too!」とやり取りしながら行い，実際のコミュニケーション場面に近付けて，積極的にやり取りしている児童を称賛します。

❹【Activity】p.5

・ペアで好きなことやきらいなことを伝え合わせる。

★デジタル教材の登場人物の名前を確認し，好きなこととききらいなことを聞き取らせます。

★教師がモデルとなり，具体的な活動を示します。その際，相手の答えに反応する表現を意図的に入れます（「Me, too!」等）

★中間評価で進んで尋ねる姿や相手意識をもった行動を称賛します。

★活動後，英語面と「良い関わりをしている人はいた？」と態度面の良さも確認します。

❺ふりかえり

・本時と前時をふりかえらせるとともに，1年間の見通しをもたせる。

★前の時間で世界の挨拶を体験し，本時で好きなことやきらいなことを伝え合ったことを確認してから，テキストの最後のページを開かせます。4年生では，「言葉のおもしろさの発見や英語で好きなものを伝え合うことにトライしよう」と投げかけ，意欲を喚起します。

❻歌 Goodbye Song（『LT!1』p.8）

・歌を歌わせる。

★一度聞かせ，歌を想起させてから，二度目に歌わせます。

ふりかえり

今日は好きなことやきらいなことを伝え合いました。英語でしっかり言えた人がいてビックリ！　言葉だけじゃなくて，反応も良かった！他の国の言葉と比べることで日本語のおもしろさにも気付けたね！1年間色々トライしていこう！

言葉っておもしろい！　他の国の言葉でも思いを伝え合えたらいいな！

Unit2 Let's play cards.

すきな遊びをつたえよう［4時間］

目標

・世界と日本の遊びの共通点と相違点を通して，多様な考え方があることに気付くとともに，さまざまな動作，遊びや天気の言い方，遊びに誘う表現に慣れ親しむ。（知識・技能）
・好きな遊びについて尋ねたり答えたりして伝え合う。（思考・判断・表現）
・相手に配慮しながら，友だちを自分の好きな遊びに誘おうとする。（主体的に学習に取り組む態度）

中心となる言語活動と単元の見通し

中心となる言語活動　**友だちとしたい遊びを尋ね合う。**

中学年は，教師や親より友だちを大事にしはじめ，仲間と群れて遊ぶ時期だと言われます。「どんな遊びをしたいか」を尋ね合う本単元は，発達段階に合っていると考えられます。

ただ，扱う言語材料が，天気，状態，動作等，多岐にわたるため，教師があせって教え込む授業にならないように留意し，児童の思考の流れに沿って英語に出合わせたうえで，長いスパンで英語表現に慣れ親しませていくことが大切です。

主な語彙・表現

表現例	How's the weather? It's [sunny / rainy / cloudy / snowy]. Let's (play cards). Yes, let's. Sorry. Stand up. / Sit down. / Stop. / Walk. / Jump. / Run. / Turn around.
新出語彙	天気（weather, sunny, rainy, cloudy, snowy），状態・気持ち（hot, cold），動作（stand, sit, stop, jump, turn, walk, run, look, put, touch, play），up, down, on, around, left, let's, today，身体の部位（hand, leg），遊び（tag, jump rope, bingo, game），outside, inside，衣類（shirt, shorts, sweater, pants, boots, cap） ［既出］挨拶・自己紹介，I like (blue). Do you like (blue)? Yes, I do. / No, I don't. What (sport) do you like?　状態・気持ち，how, is, it, right　身体の部位，色，スポーツ

単元を通した準備物

・デジタル教材　・絵カード（天気，遊び，国旗）　・日本地図（拡大したもの）

単元計画

	目標	活動（・）と評価の観点（★）
第1時	世界と日本の遊びの共通点と相違点を通して，多様な考え方があることに気付くとともに，天気や遊びの言い方を知る。	・歌　Hello Song（『Let's Try! 1』 p. 8） ・Teacher Talk ・【Let's Chant】 How's the weather? p. 6 ・【Let's Watch and Think 1】 p. 6 ・世界の遊び ★世界と日本の遊びの共通点と相違点を通して，多様な考え方があることに気付いている。（知・技） ・歌　Goodbye Song（『Let's Try! 1』 p. 8）
第2時	遊びや天気の言い方に慣れ親しみ，さまざまな動作を表す語句や遊びに誘う表現を知る。	・歌　Hello Song（『Let's Try! 1』 p. 8） ・【Let's Chant】 How's the weather? p. 6 ・天気図づくり ・【Let's Listen 1】 p. 8 ★天気や遊びを聞いて，線で結んでいる。（知・技） ・Let's Game ・【Let's Sing】 p. 6 ・【Let's Listen 2】 p. 8 ・歌　Goodbye Song（『Let's Try! 1』 p. 8）
第3時	天気の言い方に慣れ親しみ，好きな遊びについて尋ねたり答えたりして伝え合う。	・Teacher Talk ・【Let's Listen 3】 p. 9 ★天気を聞いたり言ったりしている。（知・技） ・【Let's Watch and Think 2】 p. 9 ・ペアトーク ★好きな遊びについて尋ねたり答えたりしている。（思・判・表） ・【Let's Chant】 How's the weather? p. 6 ・【Let's Sing】 p. 6 ・歌　Goodbye Song（『Let's Try! 1』 p. 8）
第4時	相手に配慮しながら，友だちを自分の好きな遊びに誘おうとする。	・歌　Hello Song（『Let's Try! 1』 p. 8） ・【Let's Chant】 How's the weather? p. 6 ・【Let's Sing】 p. 6 ・【Activity】 p. 9 ★相手に配慮しながら，遊びについて尋ねたり，自分の好きな遊びに誘ったりしている。（主） ・歌　Goodbye Song（『Let's Try! 1』 p. 8）

Unit2

Let's play cards.

すきな遊びをつたえよう

第1/4時

児童に慣れ親しませたい英語　It's sunny／rainy／cloudy／snowy.

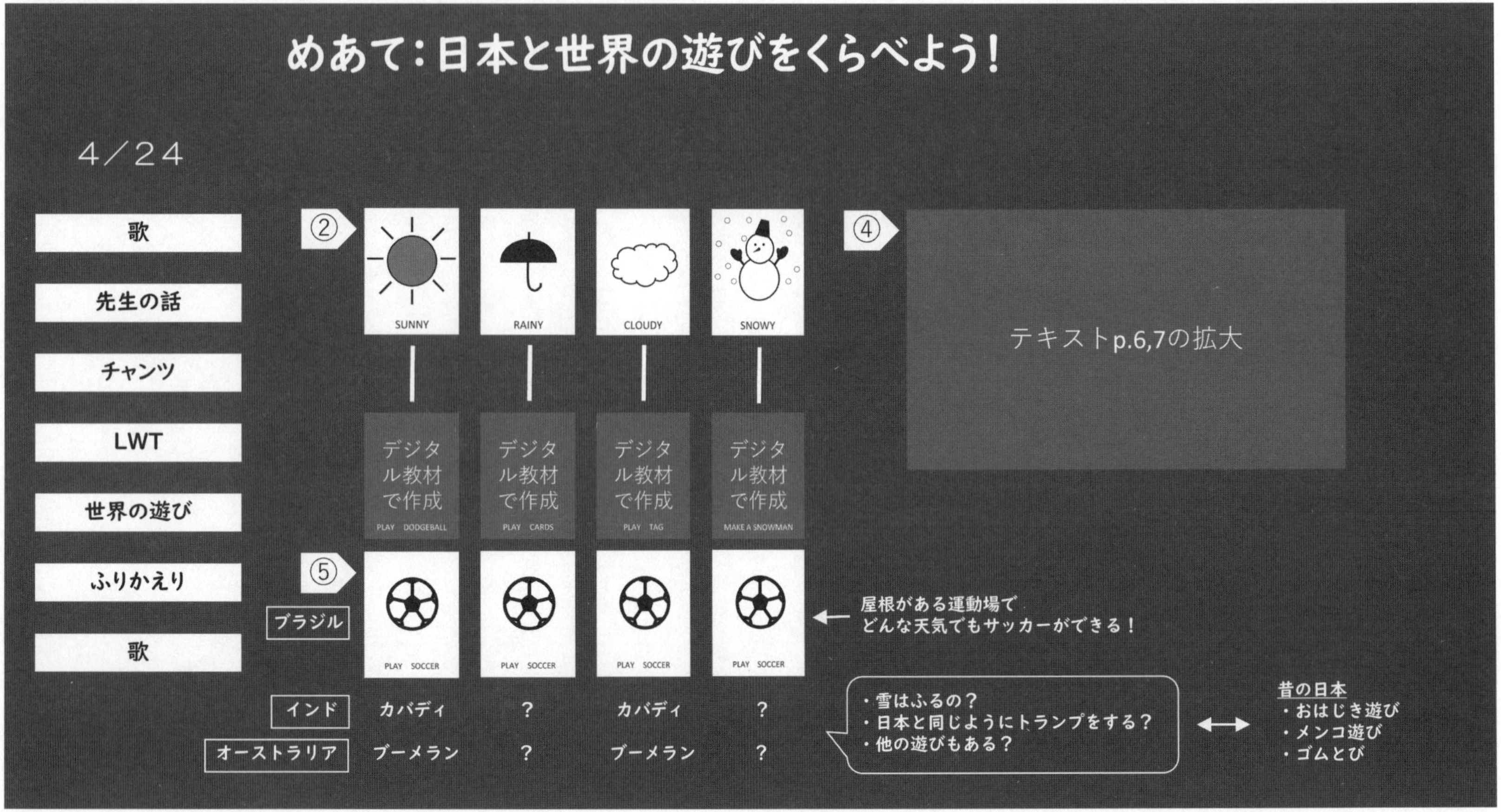

本時の内容（・）とポイント（★）

❶歌 Hello Song（『LT!1』p.8）

・歌を歌わせる。

★1回目はI'm good，２回目は他の表現に替えて数回歌います。

❷ Teacher Talk

・天気の言い方に出合わせる。

★「How's the weather?」と尋ね，少し間を取り何の話かを推測させます。そして，次は窓の外を指します。再度尋ね，天気の絵カードを見せながら「Sunny? Rainy?」とやり取りをします。Ⓐ

★反応に対して，「It's sunny.」と紹介し，「Do you like sunny days?」とやり取りをします。Ⓐ

❸【Let's Chant】How's the weather? p.6

・チャンツを歌わせる。

★「字幕なし」で一度聞かせて，「何が聞こえた？」と尋ねます。尋ね方と天気の言い方を引き出し，「まずは天気の言い方だけ言ってみよう！」と指示し，何をするか焦点化してから二度目を行います。Ⓐ

★「How's the weather in New York?」と尋ね，児童に予想させ言わせることもできます。答えを言う時にはチャンツのリズムで教師に尋ねさせます。インターネット環境があればライブカメラで今の様子を見せることもできます。

❹【Let's Watch and Think 1】p.6

・p.6，７を見せ，日本各地の登場人物が何をしているか考えさせる。

★デジタル教材を活用し，各地の天気と遊びの音声を聞かせます。（例：It's snowy. Let's make a snowman.）

その後に，何をしているかを尋ねます。児童の考えを引き出した後，【LWT】の動画を見せて確認し，本単元では遊びを扱うことを意識させます。

★動画の視聴後，「Do you like snowy days?」「Do you like cards?」とやり取りを行います。Ⓐ

❺世界の遊び

・世界の遊びを紹介する。

★ALTがいれば，母国の小学生の遊びを紹介してもらったり，インターネットで世界の遊びの例を紹介したりします。日本と世界の遊びを比較する中で，共通点や相違点を確認するとともに，日本でも昔と今では遊びが変わっていることなど，多様な考えを認め合えるようにします。

（例：NHK「えいごリアン」……ブーメラン，カバディ）

❻ふりかえり（下記参照）

❼歌 Goodbye Song（『LT!1』p.8）

・歌を歌わせる。

ふりかえり

今日は日本や世界の遊びの話をしました。What do you like? 雪だるま作りが人気だね。雪の日にはみんなで遊ぼうね。外国語の遊びに興味がある人もいるんだね。日本と世界の同じ所や違う所を発見できたのも良かったね！

晴れの日が好きだから，遊びではカバディをやってみたいと思いました！

Unit 2

Let’s play cards.

すきな遊びをつたえよう

第2/4時

児童に慣れ親しませたい英語　Let’s play ～！

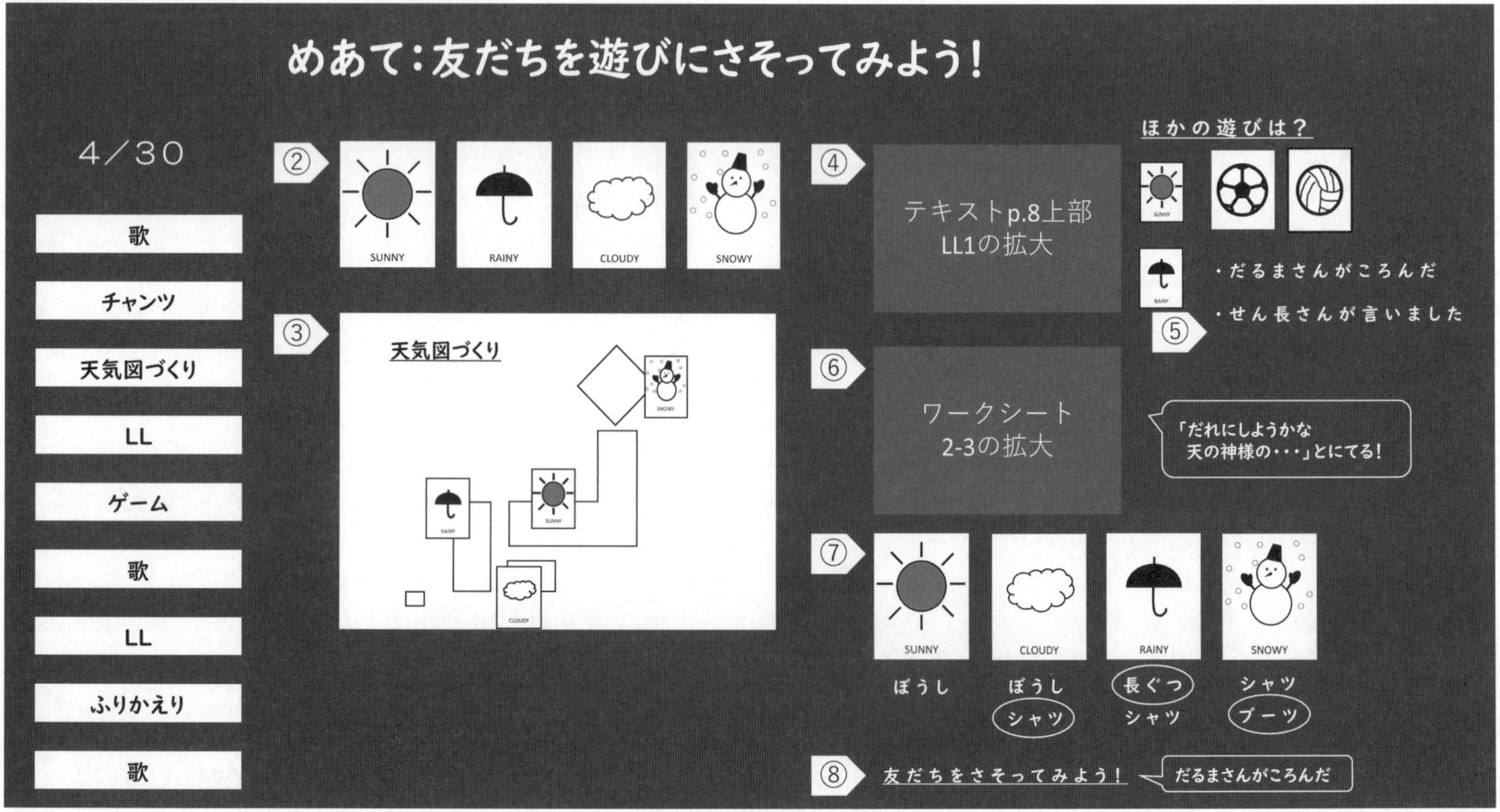

本時の内容（・）とポイント（★）

❶歌 Hello Song(『LT!1』p.8)

❷【Let's Chant】How's the weather? p.6

・歌，天気の話題，チャンツに取り組ませる。

★歌は，自分の状態（例：I'm good.）に歌詞を合わせて歌わせます。

★「How's the weather?」と尋ねて少し間を取り，前時を想起させたうえで，次は窓の外を指して同様に尋ねます。そして，天気の絵カードを見せながら「Sunny? Rainy? Do you like sunny days?」とやり取りします。

★やり取りをチャンツの流れで行った後，歌わせます。

❸天気図づくり

・天気カードを地図に貼らせる。

★日本地図の拡大を黒板に貼り，教師が天気キャスターに扮し，児童に「How's the weather?」と尋ねさせます。教師は「It's snowy in Hokkaido. It's cold.」のように答え，代表児童に天気カードを貼らせます。

❹【Let's Listen 1】p.8

・【LL】に取り組ませる。

★3人の名前を確認し，天気を確認した後，「It's rainy day. So……」と児童とやり取りしながら進めます。推測する様子ややり取りを進んでしている児童を称賛します。

❺Let's Game

・「船長さんが言いました」を行う。

★❹の最後に「ほかの遊びは？」と問い，「船長さんが言いました」を紹介して，好きかどうかを尋ねます。

★ルールは『Simon Says』と同じで，「Let's stand up.」のように「Let's」を言った場合は指示に従い，言わない場合は従いません。説明はせず，何度か行い，理解させます。指示の中に「Touch your T-shirts.」と衣類の言い方も取り入れることで，後の活動につなげます。

❻【Let's Sing】p.6

・歌を歌わせる。

★鬼を決める例として，「Eeny, meeny, miny, moe.」を紹介します。

❼【Let's Listen2】p.8

・【LL】に取り組ませる。

★教師が母親役，児童が子ども役で，遊びに行こうとしている場面設定を行います。

★児童に，「How's the weather?」と尋ねさせ，「It's sunny.」と答え，「Put on……」と言い，先を予想させます。児童が日本語で言ったものを，「Red cap?」と言い換えながら活動を行い，答えを【LL】で確認して，線を結ばせるようにします。

❽ふりかえり（下記参照）

❾歌 Goodbye Song(『LT!1』p.8)

・歌を歌わせる。

ふりかえり

遊びにも色々あるけど，天気によってできることとできないことがあるよね。今日の天気は……Yes. It's rainy. So……, What do you want to play? 友だちを遊びに誘ってみよう！ Let's try! おっ，反応しているのがいいね！

Let's play だるまさんがころんだ！ Nice! 昼休みに体育館でやろうね！

Unit2

Let’s play cards.

すきな遊びをつたえよう

第3/4時

児童に慣れ親しませたい英語　I like ~./Let’s play ~!

本時の内容（・）とポイント（★）

❶ Teacher Talk
・天気についてやり取りをする。
★教師がわざと天気を間違え児童の主体的な発話を促します。

❷【Let's Listen３】p.9
・各地の天気を聞き取らせる。
★まず国名を聞き取らせ，場所を確認します。次に，天気を聞き取らせ，枠の中に絵を描かせます。答えを伝える前に，「How's the weather in Egypt?」と児童に尋ね，進んで言おうとしている児童を称賛します。
★答え合わせは，逆に児童に「How's the weather?」と尋ねさせ，やり取りの中で伝えます。

❸【Let's Watch and Think２】p.9
・【LWT】を視聴させ，他国の様子に関心をもたせる。
★「３つの国名を聞き取ろう」と投げかけ，動画を視聴させます。
★その後，国別に見せ，聞き取れた英語や気付きを発表させます。

❹ペアトーク
・天気に応じた遊びを提案させる。
★❸の活動で天気が分かる映像で止め，児童を遊びに誘います。その際，児童が No と言う提案をあえて行い，遊びを提案させるようにします。(例：Now in Indonesia. I like soccer. Let's play soccer! OK? No? Let's play ……？)
★児童とのやり取りを何度か行い，「I like ~.」「Do you like ~？」「Let's play ~！」の表現に慣れ親しませます。
★教師が天気を設定し，まずは横のペアとの対話から始めさせます。
★定型を与えずに始め，良いやり取りをしている児童を見取り，称賛し，全体の前で例として取り上げます。(例：I like soccer. Do you like soccer? Let's play soccer!)
★ペアを替えて何度か行い，「相手の良かった所を教えて！」と投げかけ，良いやり取りを全体に広げるようにします。

❺【Let's Chant】How's the weather? p.6
❻【Let's Sing】p.6
・チャンツと歌を歌わせる。
★チャンツを歌った後，❹の活動と関連させて雨の場合は外遊びができないことを確認します。残念な気持ちを踏まえたうえで，【LS】の❶「Rain, rain, go away」を聞かせます。２回目は「Rain, rain, go away」という歌詞にジェスチャー等をつけ，気持ちを込めて歌わせます。

❼ふりかえり（下記参照）
❽歌 Goodbye Song(『LT!1』p.8)
・歌を歌わせる。

ふりかえり

今日は，天気に合わせて友だちを遊びに誘いました。自分の好きな遊びを紹介することができていたし，相手の反応を見て一緒に楽しく遊べそうなものを選んでいる人もいたね！　相手のことを考えることは，仲良くなるために大事だね！

自分と相手と，両方が好きな遊びを尋ね合って，遊びを決めることができたよ！

Unit2

Let’s play cards.

すきな遊びをつたえよう

第4/4時

★児童に慣れ親しませたい英語　Do you like ～？／Let’s play ～！

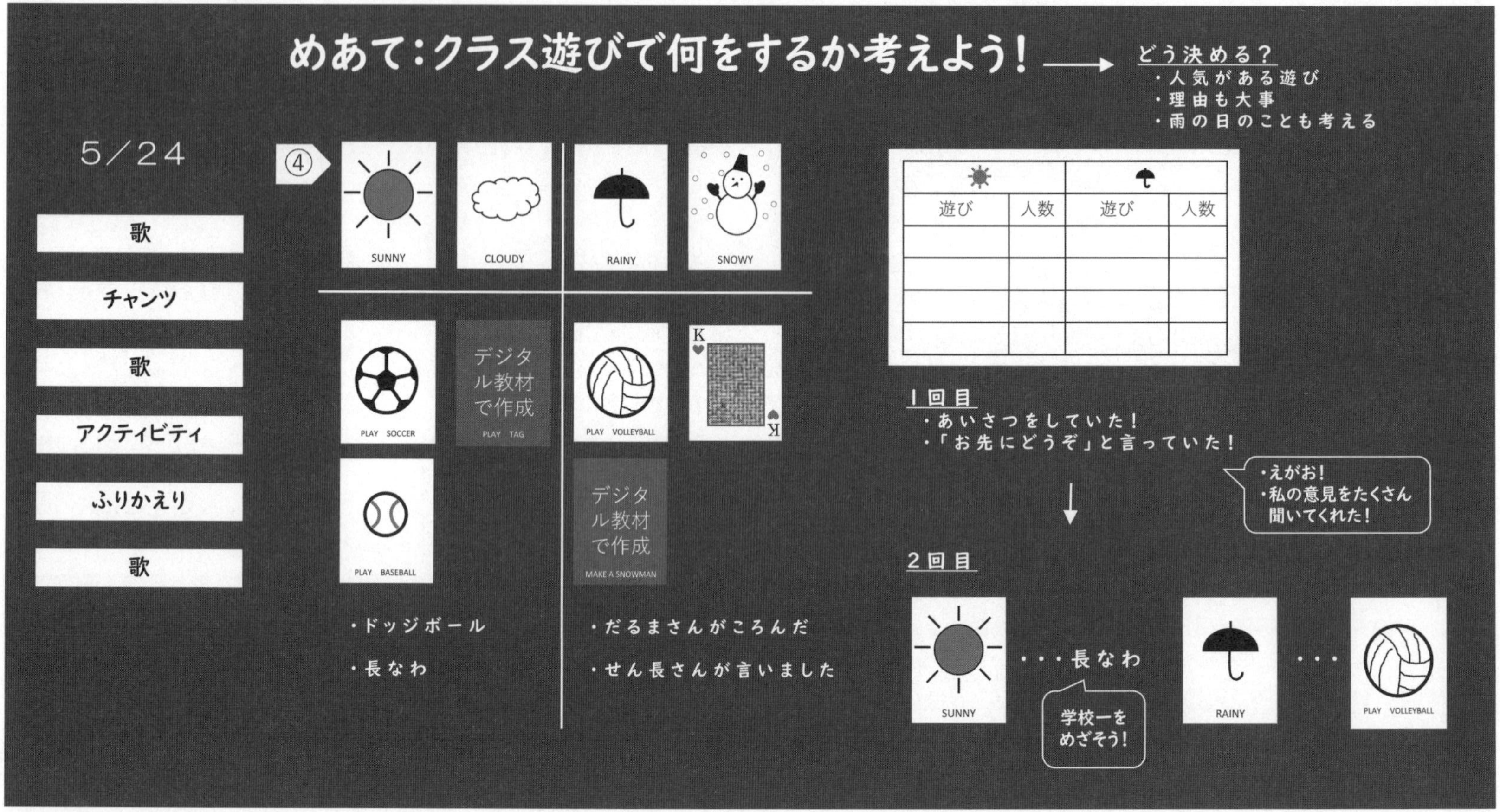

本時の内容（・）とポイント（★）

❶歌 Hello Song(『LT! 1』p.8)

❷【Let's Chant】How's the weather? p.6

❸【Let's Sing】p.6

・歌を歌わせる。

★❷を歌う前に，実際の天気の様子について児童とやり取りをすることで，歌詞の意味を考えながら歌うことにつなげます。Ⓐ

★❸を歌う前に，「Do you like soccer? Yes? Let's play soccer!」とやり取りを行い，「でも，雨の場合はできない」という気持ちをもたせてから，「Rain, rain, go away」につなげます。Ⓐ

❹【Activity】p.9

・天気に合わせた遊びを考え，友だちを誘わせる。

★主体的な活動にするために，できればクラス遊びの時間を実際に設けるようにします。そのうえで，「クラスのみんなが楽しめる遊びを考えよう！」と投げかけます。Ⓐ

★「It's sunny day or cloudy day. what do you want to play?」と尋ね，遊びのアイデアを出させます。その際，「It's sunny day./ I like ~./ Let's play ~.」という表現にできる範囲で慣れ親しませるようにします。

★同様に雨・雪の日の遊びを考えた後，活動に取り組ませます。3分ほど行った後，英語でのやり取りについて良い児童を称賛するとともに，児童から友だちの良い関わりについて発表させます。

★中間評価では，「どのような視点でクラス遊びを決めたらいいか」も確認します。数の多さで決めるだけではなく，理由を問うことや雨の日のことも考えること等を引き出すことで，尋ねる内容を掘り下げるようにします。Ⓐ

❺ふりかえり

・単元全体をふりかえらせる。

★ 既習の英語表現を使って，自分の好きな遊びが言えたことともに，「Do you like～？」等を使って，相手のことを考えて遊びを決めたり，友だちを誘ったりしたことを称賛します。英語という言葉に思いを組み合わせることが，友だちと仲良くなることにつながることを全体で確認します。

★クラス遊びの日が晴れるように，【LS】を歌うこともできます。

❻歌 Goodbye Song(『LT! 1』p.8)

・歌を歌わせる。

ふりかえり

今日で，「すきな遊びをつたえよう」の学習は終わりです。英語で自分の好きな遊びを言うこともできたし，クラスの友だちのことも考えて遊びを決められたのが，先生はとってもうれしかったです！

英語を使って，みんなが楽しめることを考えられた！　遊びも楽しくできそう！

Unit3 I like Mondays.
すきな曜日は何かな？［3時間］

目標

・世界の同年代の子どもたちの生活を知るとともに，曜日の言い方や曜日を尋ねたり答えたりする表現に慣れ親しむ。（知識・技能）
・自分の好きな曜日について，尋ねたり答えたりして伝え合う。（思考・判断・表現）
・相手に配慮しながら，自分の好きな曜日を伝え合おうとする。（主体的に学習に取り組む態度）

中心となる言語活動と単元の見通し

中心となる言語活動　**同じ曜日が好きな友だちを探そう。**

クラス替えがあった場合でも，新しい友だちとの生活に慣れてくる頃だと思います。その反面，友だち関係がなんとなく固定化されてきます。本単元では，同じ曜日が好きな友だちを探すという言語活動を行います。好きな曜日は，普段の会話ではあまり扱わない内容であり，それをあえて取り上げることで，英語を使おうとする意欲を高めるとともに，人間関係を広げることも意識します。１週間の予定を尋ね合う中で，習い事などがなく放課後が自由な曜日や好きなことが同じ友だちが見つかれば，一緒に遊ぶことにまでつながることも考えられます。

主な語彙・表現

表現例	What day is it? It's (Monday). Do you like (Mondays)? Yes, I do. / No, I don't. I like (Mondays).
新出語彙	day，曜日（Monday，Tuesday，Wednesday，Thursday，Friday，Saturday，Sunday），果物・野菜（mushroom，watermelon），飲食物（soup，pie，sandwich），fresh ［既出］挨拶，What (sport) do you like? How's the weather? It's [sunny / rainy / cloudy /snowy]. it，is，飲食物，スポーツ，遊び

単元を通した準備物

・デジタル教材　・絵カード（国旗，曜日，食材，スポーツ）
・ワークシート（Unit３－１）

単元計画

	目標	活動（・）と評価の観点（★）
第1時	世界の同世代の子どもたちと自分たちの生活の共通点に気付くとともに，曜日の言い方に慣れ親しむ。	・チャンツ　How's the weather?　p. 6 ・曜日クイズ ・【Let's Watch and Think 1】　p. 11 ★世界の同世代の子どもたちの生活と自分たちの生活の共通点を見つけている（知・技） ・【Let's Chant】What day is it?　p. 11 ・【Let's Listen】　p. 12 ★曜日を聞いて分かっている（知・技） ・歌　Goodbye Song（『Let's Try! 1』　p. 8）
第2時	好きな曜日について，尋ねたり答えたりして伝え合う。	・【Let's Chant】What day is it?　p. 11 ・ミッシング・ゲーム ・【Let's Play】　p. 12 ・インタビュー ★自分の好きな曜日について尋ねたり答えたりしている（思・判・表） ・歌　Goodbye Song（『Let's Try! 1』　p. 8）
第3時	相手に配慮しながら，自分の好きな曜日を伝え合おうとする。	・【Let's Chant】What day is it?　p. 11 ・【Let's Watch and Think 2】　p. 12 ・【Activity】　p. 13 ★相手に配慮しながら自分の好きな曜日を伝え合っている（主） ・歌　Goodbye Song（『Let's Try! 1』　p. 8）

Unit3

I like Mondays.

すきな曜日は何かな？

第1/3時

児童に慣れ親しませたい英語　Monday/Tuesday/Wednesday/Thursday/Friday/Saturday/Sunday

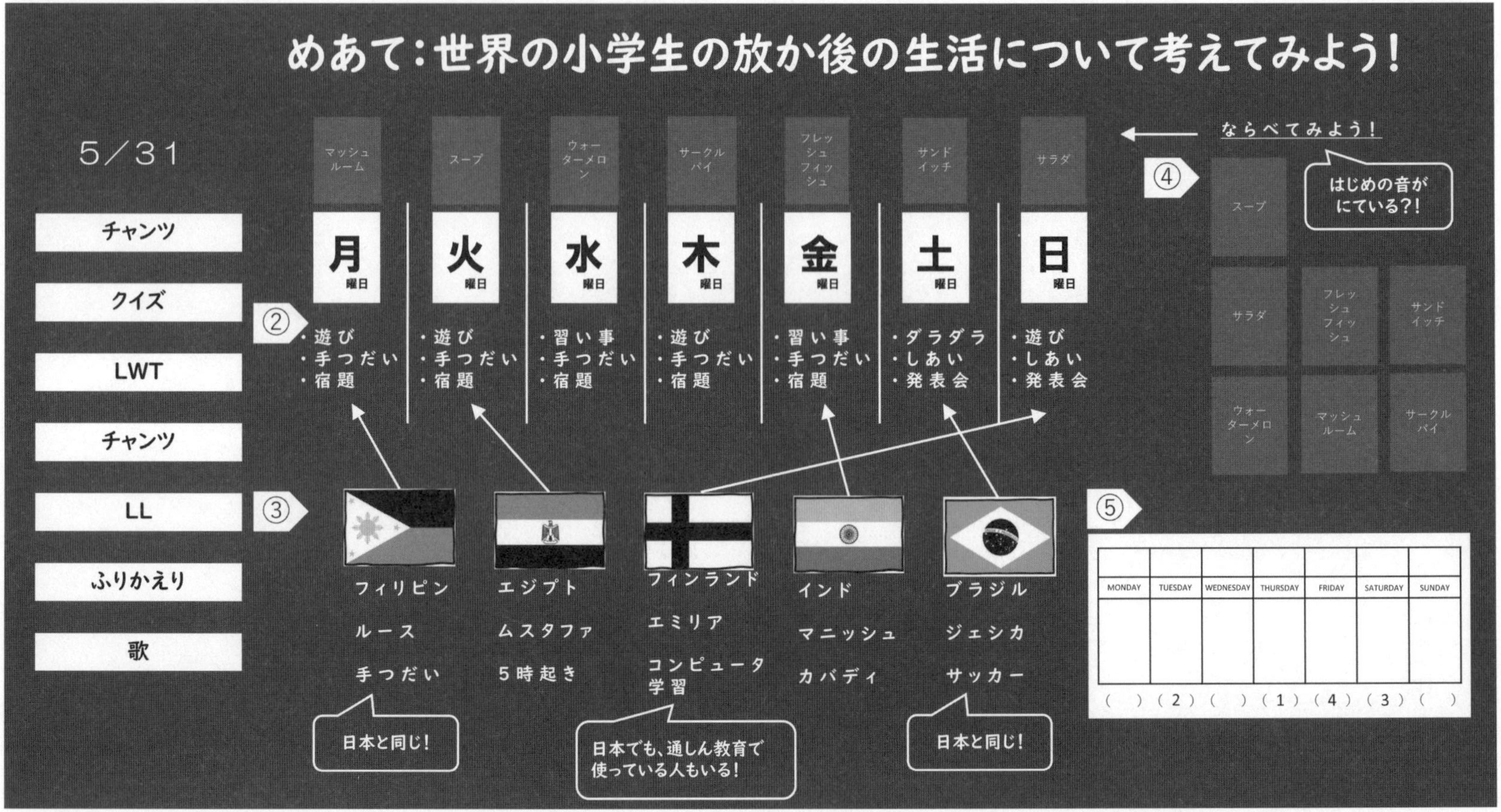

マッシュルーム・スープ・ウォーターメロン・サークルパイ（パイ）・フレッシュフィッシュ（フィッシュ）・サンドイッチ・サラダのカードはデジタル教材で作成

本時の内容（・）とポイント（★）

❶チャンツ How's the weather? p.6
・チャンツを歌わせる。
★天気についてやり取りを行い，歌詞を連想させてから歌わせることで積極性を引き出します。

❷曜日クイズ
・曜日クイズについて考えさせる。
★テレビ番組や教科名（未習）をヒントに，何曜日かを考えさせます。
★7つの曜日に出合わせた後，曜日の言い方を確認し，各曜日の放課後や週末に何をするか問いかけ，次の活動につなげます。（例：What do you do after school? Do you play soccer?）

❸【Let's Watch and Think 1】p.11
・【LWT】に取り組ませる。
★国旗で国名を確認し，5人の「名前」「何をしているか」「曜日」を聞き取ることを確認した後，視聴させ，積極性を引き出します。
★あくまで例ということを伝え，ステレオタイプにならないようにします。
★他国の子どもの様子をまとめた黒板を見て，内容について補足しながら自分たちと比較させます。その際，共通点や相違点などに気付いている児童を称賛します。

❹【Let's Chant】What day is it? p.11
・チャンツを歌わせる。
★まず，チャンツに出てくる食べ物や食材を紹介します。その後，「曜日とペアを聞き取ろう」と目的をもたせてチャンツの最初の部分（26秒まで）を聞かせます。
★次に，食べ物等に関して「Do you like salad?」と問い，好きなものについてははっきりした声で歌うように指示を出し，2回目を聞かせます。
★実態に応じて，27秒以降の部分について聞かせることもできます。

❺【Let's Listen】p.12
・【LL】に取り組ませる。
★デジタル教材で全体を聞かせ，各曜日にしていることを確認し，その後，曜日クイズに答えさせます。
★問題（例「Today, I play the piano. What day is it today?」）は一度聞かせて終わりではなく，指導者が繰り返して何度も言うとともに,「Monday? Saturday?」とやり取りすることを通して，表現に慣れ親しませ，児童の曜日の理解度を確認します。

❻ふりかえり（下記参照）
❼歌 Goodbye Song（『LT!1』p.8）
・歌を歌わせる。

ふりかえり

今日は世界の子どもたちの様子を動画で見ました。気付いたことは？確かに同じ所も違う所もあったね。そして，クラスの友だちでも，同じ曜日に違うことをしている人がたくさんいたね。違いを認め合うのが大事だよね！

同じ年だけど，違う生活をしているのを知れておもしろかった！

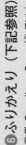

Unit3

I like Mondays.

すきな曜日は何かな？

第2/3時

★ 児童に慣れ親しませたい英語　It's Monday／Tuesday／Wednesday／Thursday／Friday／Saturday／Sunday. What day is it today?

めあて：友だちのすきな曜日を予想してたずね合おう！

6／4

- チャンツ
- ゲーム
- 曜日クイズ
- インタビュー
- ふりかえり
- 歌

①

マッシュルーム	スープ	ウォーターメロン	サークルパイ	フレッシュフィッシュ	サンドイッチ	サラダ

②

月曜日	火曜日	水曜日	木曜日	金曜日	土曜日	日曜日
デジタル教材で作成 PLAY SOCCER	デジタル教材で作成 PLAY BASEBALL	デジタル教材で作成 SWIM	デジタル教材で作成 PLAY BASKETBALL	デジタル教材で作成 PLAY BASKETBALL	デジタル教材で作成 PLAY VOLLEYBALL	デジタル教材で作成 PLAY TABLE TENNIS

自分の一週間

ワークシート
Unit3-1の拡大

③ 曜日クイズ

1 ・・・木曜日
2 ・・・火曜日
3 ・・・日曜日

④ インタビュー

	予想	正かい
先生	月曜日→サッカーがすき 土曜日→休み	金曜日 →休みの前の日だから
友だち	?	

・習い事が楽しみだから！
・休みの日がすきだから！
・5時間の日がいいから！

マッシュルーム・スープ・ウォーターメロン・サークルパイ（パイ）・フレッシュフィッシュ（フィッシュ）・サンドイッチ・サラダのカードはデジタル教材で作成

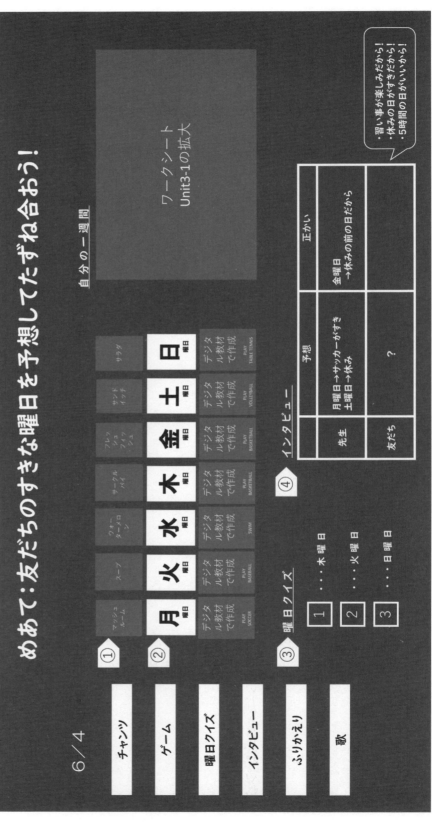

本時の内容（・）とポイント（★）

❶【Let's Chant】What day is it? p.11

・チャンツを歌わせる。

★最初の曜日名の部分だけを扱うようにします。

❷ミッシング・ゲーム

・ゲームに取り組ませる。

★曜日の言い方を確認しながら黒板にカードを掲示し，再度言いながら外します。1枚カードを抜いて残りのカードを言いながら再度掲示し，児童に抜いたカードを当てさせます。

★教師が言い方をわざと間違えることで，児童が発話する積極性を引き出します。Ⓐ

❸【Let's Play】p.12

・曜日クイズに取り組ませる。

★教師は事前に「曜日クイズ（p.12 Let's Listen 参照）」を考えておきます。（例：Monday. I play soccer.）

★「I play soccer. What day is it today?」と尋ね，曜日を答えさせます。ねらいは曜日への慣れ親しみですので，何人も尋ねます。答え合わせの場面では，児童に「What day is it today?」と尋ねさせ，質問の表現にも慣れ親しませます。Ⓐ

★黒板の例をもとに，児童同士でクイズを出し合わせます。（例：Soccer. What day is it today?）

★ワークシートを配付し，イラストや日本語で一週間の実際の予定を記入させます。Ⓐ

★教師と代表児童でデモンストレーションを行い，ワークシートを利用したペアでの曜日クイズの進め方をつかませます。その際，ヒントは単語レベルでも良いとします。
（例：Today. Soccer. What day is it today?）

★その半面，曜日を言うことへの慣れ親しみがねらいのため，「It's Thursday.」とできるだけ文章で言わせるように促します。

❹インタビュー

・相手の好きな曜日を予想して尋ね合わせる。

★❸の活動に慣れ親しんだ後，相手の予定をもとに，相手が好きな曜日を予想して尋ね合わせるようにします。（例：Do you like Sundays?）

★ペアを替えて行った後，中間評価を行います。その際，反応をしたり，相手の予定を聞いてさらに質問したり（例：Do you like soccer?）して，積極的にやり取りをしている児童を称賛します。

❺ふりかえり（下記参照）

❻歌 Goodbye Song（『LT! 1』p.8）

・歌を歌わせる。

ふりかえり

今日は友だちの予定を聞き，どの曜日が好きかを考えながら尋ねました。予想は当たった？　当たった人が多いね。さすが！　外れたら理由を聞いている人がいたけど，そうやってお互いをよく知っていくと，どんどん仲良くなれるね！

今日は友だちの意外な一面を知りました！　聞いて初めて分かることがあった！

Unit3

I like Mondays.

すきな曜日は何かな？

第3/3時

児童に慣れ親しませたい英語　Do you like (Mondays)?

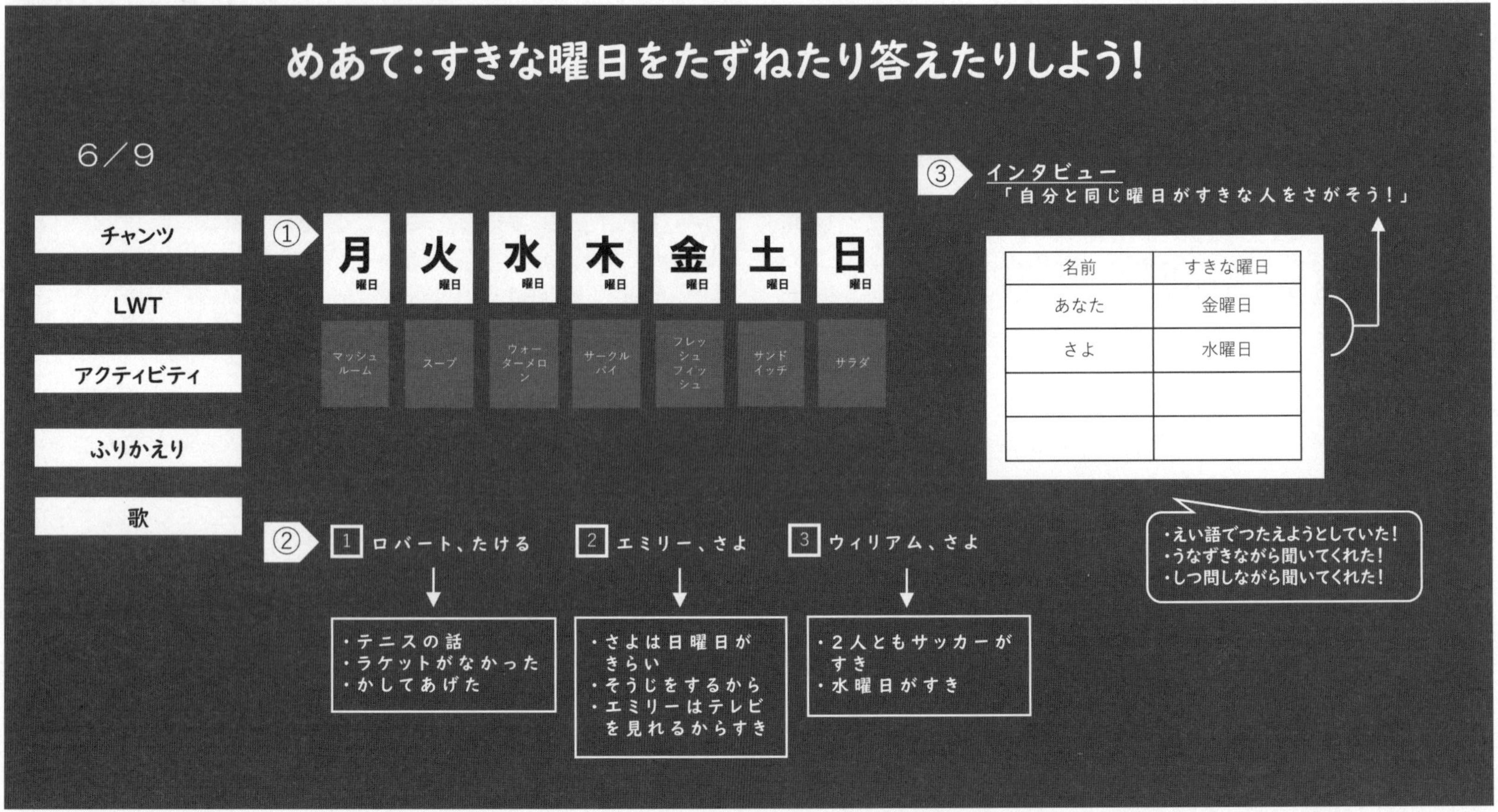

マッシュルーム・スープ・ウォーターメロン・サークルパイ（パイ）・フレッシュフィッシュ（フィッシュ）・サンドイッチ・サラダのカードはデジタル教材で作成

本時の内容（・）とポイント（★）

❶【Let's Chant】What day is it? p.11

・チャンツを歌わせる。

★曜日カードを示しながら英語での言い方を確認し，食べ物とマッチングさせた後に，最初の曜日名の部分だけを歌わせます。

★次に，続きを聞かせながら，カードを押さえて歌詞を確認します。It's Tuesday. Monday, mushroom, Tuesday, soup. (clap)(clap)

★Do you like Mondays? と順に尋ねてやり取りを行い，自分が好きな曜日は大きめの声で歌うように指示を出し，目的をもたせます。

❷【Let's Watch and Think 2】p.12

・【LWT】を視聴させる。

★登場人物の名前を確認します。

1…ロバート，たける

2…エミリー，さよ

3…ウィリアム，さよ

★2人がどんな会話をしているか，テキストの様子から予想させた後，【LWT】を見せ，聞こえた英語や分かった内容をメモさせます。

★メモしたことを発表させながら，その内容について児童とやり取りを英語で行うようにします。（例：Do you like tennis? Do you want to play tennis after school?）

★1の後，2・3も同様に行います。

❸【Activity】p.13

・インタビューをさせる。

★❷の活動の内容について触れながら，「さよ likes soccer. So, さよ likes Wednesday. Do you like Wednesday?」と児童数名とやり取りを行います。その際，児童が理由をなんとか英語で伝えられるように支援を行います。

★「自分と同じ曜日が好きな友だちを探そう」と目標を示します。途中で中間評価を行い，英語で伝えようとする姿勢や，挨拶等を進んでしている児童を称賛します。

❹ふりかえり

・単元全体をふりかえらせる。

★❸の活動において，単語レベルでも思いを伝えようとする姿勢や，相手の英語を聞いて「○○だから？」と思いを汲んでいる態度を取り上げ，相手意識が育っていることを確認します。

★曜日の言い方を確認する意味で，指導者が自分の一週間について自分の思いを語るスモールトークを最後に行うこともできます。

❺歌 Goodbye Song（『LT! 1』p.8）

・歌を歌わせる。

ふりかえり

今日で，「すきな曜日は何かな？」の学習は終わりです。自分が知っている英語を使ってなんとか思いを伝えたり，相手の気持ちを理解しようとしたりした人がたくさんいました。思いやりの気持ちがクラスにあふれているのがうれしいです！

友だちの気持ちを考えながら，人の話を聞けるようになってきました！

Unit4 What time is it?

今，何時？［4時間］

目標

・世界の国や地域によって時刻が異なることに気付くとともに，時刻や日課の言い方や尋ね方に慣れ親しむ。（知識・技能）
・自分の好きな時間について，尋ねたり答えたりして伝え合う。（思考・判断・表現）
・相手に配慮しながら，自分の好きな時間について伝え合おうとする。（主体的に学習に取り組む態度）

中心となる言語活動と単元の見通し

中心となる言語活動　**お気に入りの時刻とその理由を伝え合う。**

時刻の言い方に慣れ親しませる単元です。中心活動として，自分のお気に入りの時刻を伝え合う活動を行い，共感する場面を多く設けることで，友だち関係を深めることにつなげられます。他国との時差も扱いますが，４年生という発達段階では，深い理解を求める必要はありません。それよりも，本単元で扱う表現が『We Can! 1』（５年生）Unit４での日課の学習につながることを教師は意識し，あせって教え込まずに，ていねいに英語表現に慣れ親しませることが大切です。

主な語彙・表現

表現例	What time is it? It's（8 : 30). It's（"Homework Time"). How about you?
新出語彙	数字（forty, fifty, sixty), a.m., p.m., about, 日課・時間（[wake-up / breakfast / study / lunch / snack / dinner / homework / TV / bath / bed / dream] time) ［既出］挨拶，How's the weather? It's [sunny / rainy / cloudy / snowy]. What day is it? It's (Monday). what, is, it, book, 数（1～60)，曜日，スポーツ，遊び

単元を通した準備物

・デジタル教材　・絵カード（日課）　・ワークシート（Unit４－１，２）

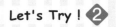

単元計画

	目標	活動（・）と評価の観点（★）
第1時	時刻や日課の言い方に慣れ親しむ。	・チャンツ　What day is it?　p. 11 ・クイズ　何してる？ ・Teacher Talk ・【Let's Watch and Think 1】　p. 15 ★時刻や日課を聞いている（知・技） ・【Let's Chant】What time is it?　p. 15 ・歌　Goodbye Song（『Let's Try! 1』　p. 8）
第2時	世界の国や地域によって時刻が異なることに気付くとともに，時刻や日課の言い方に慣れ親しむ。	・ポインティング・ゲーム ・【Let's Chant】What time is it?　p. 15 ・【Let's Watch and Think 2】　p. 16 ★世界の国や地域によって時刻が違うことに気付いている（知·技） ★時刻や日課を聞いたり言ったりしている（知・技） ・【Let's Listen】　p. 16 ★時刻や日課を聞いている（知・技） ・歌　Goodbye Song（『Let's Try! 1』　p. 8）
第3時	自分の好きな時間について，尋ねたり答えたりして伝え合う。	・【Let's Chant】What time is it?　p. 15 ・【Let's Watch and Think 2】　p. 16 ・インタビュー ★日課について，尋ねたり答えたりしている（思・判・表） ・歌　Goodbye Song（『Let's Try! 1』　p. 8）
第4時	相手に配慮しながら，自分の好きな時間について伝え合おうとする。	・【Let's Chant】What time is it?　p. 15 ・【Activity】　p. 17 ★相手に配慮しながら，自分の好きな時間について尋ねたり答えたりして伝え合っている（主） ・歌　Goodbye Song（『Let's Try! 1』　p. 8）

Unit4 What time is it?

今，何時？

第 1 /4 時

児童に慣れ親しませたい英語　時刻の言い方 (It's 3 a.m.／p.m.)

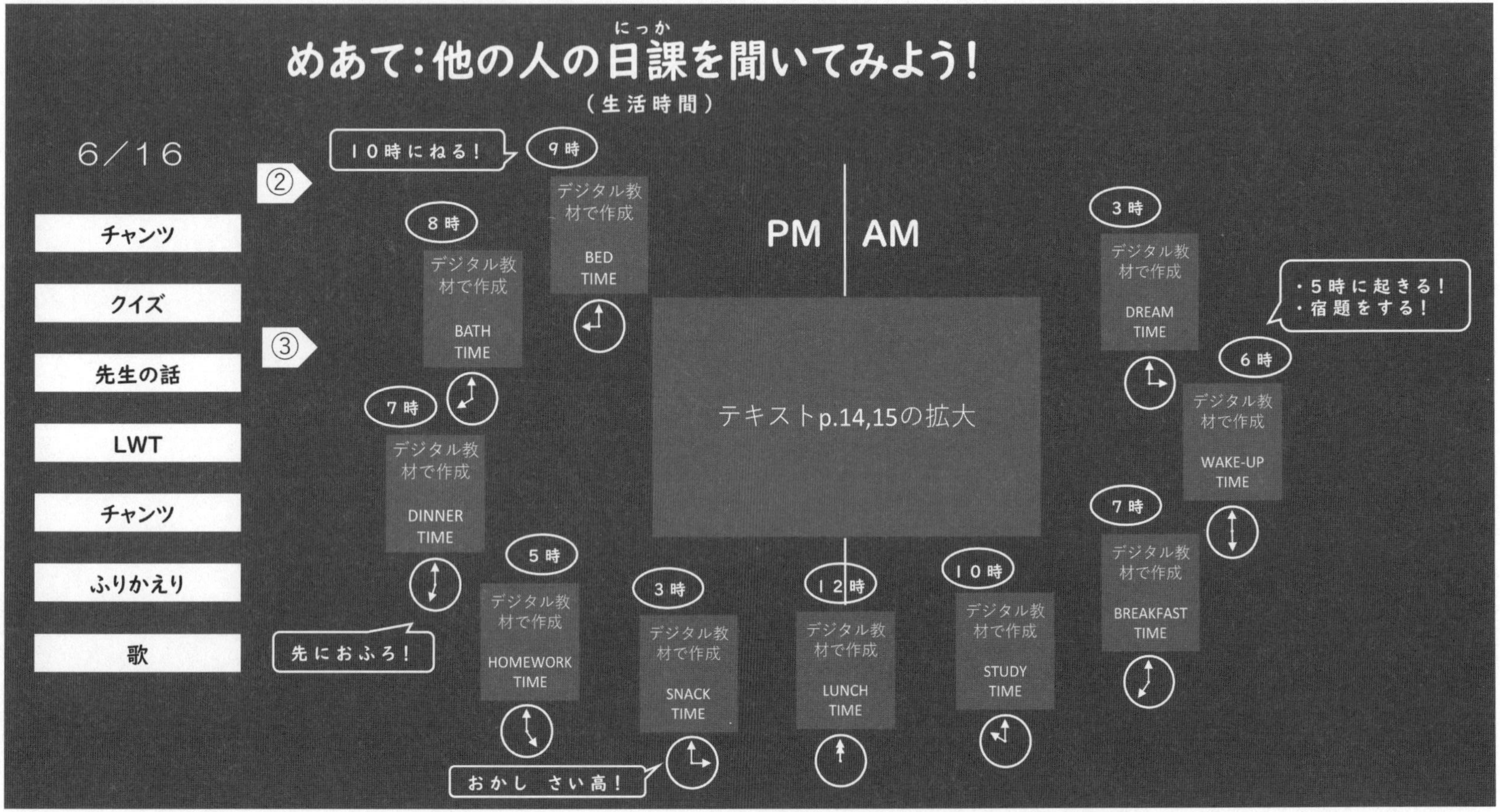

本時の内容（・）とポイント（★）

❶チャンツ What day is it? p.11
・チャンツを歌わせる。
★児童に「What day is it today?」と尋ね，「Monday? Saturday?」とやり取りをして曜日を確認した後，チャンツを歌わせることで，苦手な児童も歌いやすくなります。

❷クイズ　何してる？
・テキストを見て発表させる。
★p.14，15の中から，英語で表現できるものを発表させます（例：数字，Lunch，Bed 等）。
★児童の発表に合わせて，「Lunch Time」等の絵カードを示し，英語表現に出合わせます。

❸ Teacher Talk
・教師の日課を聞かせ，時刻や日課の言い方に慣れ親しませる。
★❷の活動で黒板に示した絵カードの下に時計を描きながら，教師が自分の日課を紹介します。
★日課を紹介するだけではなく，途中に「I wake up at 6 a.m. What time do you wake up? 6? 7? 5?」とやり取りをしながら行います。教師の質問に児童が答えた時には，英語が言えたかどうかよりも，「You wake up at 5! Wow! Why？」と内容に注目することで，やり取りの意欲を高めます。

❹【Let's Watch and Think 1】p.15
・【LWT】を視聴させて，線を結ばせる。
★まず，デジタル教材の画面を見せます。左上の絵を指して，「Bed Time. What time do you go to bed?」と児童に尋ね，時間を答えさせます。数字だけで答えた場合，教師が「10p.m.」のように言い換えます。その後に動画を視聴させ，感想を尋ねた後，デジタル教材の画面上で線を結び，活動の見通しをもたせます。
★次に何を視聴するかは児童に選択させ，予想→視聴→確認「What time?」の流れで行い，反応しながら聞いている児童を称賛します。

❺【Let's Chant】What time is it? p.15
・チャンツを歌わせる。
★❹の活動で確認した時刻を板書しておきます。１回目にチャンツを聞かせる時には，時刻の部分に注目させ，教師が手本となりながらリズムを確認します。
★２回目は「時刻の部分を言ってみよう！」と投げかけ，教師は「What time is it?」と尋ね，児童が時刻を答えるイメージをもたせます。

❻ふりかえり（下記参照）
❼歌 Goodbye Song（『LT! 1』p.8）
・歌を歌わせる。

ふりかえり

今日は日課の時刻を聞いたり答えたりしました。すごく早起きで，朝に宿題をしている人がいたね。日課は人によって全然違うから，興味が湧くね！　時間の尋ね方を真似している人も多かったので，家で聞いてみてもいいかもね！

お母さんの起きる時間とかを聞いてみたいなぁ。すごく早起きだと思う！

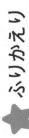

Unit4

What time is it?

今，何時？

第2/4時

児童に慣れ親しませたい英語　時刻の言い方 (It's 3 a.m.／p.m.)

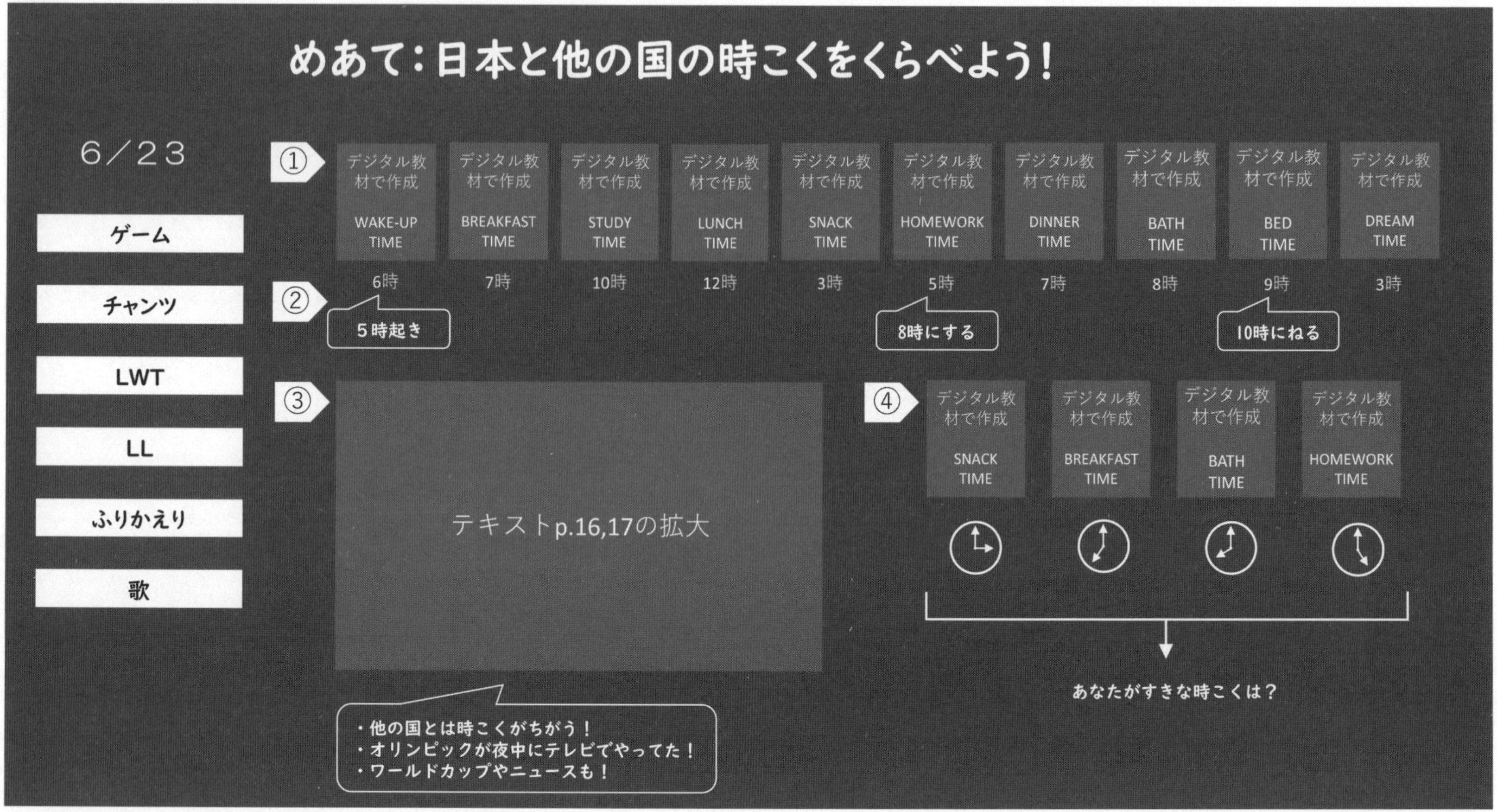

本時の内容（・）とポイント（★）

❶ポインティング・ゲーム
・ゲームに取り組ませる。
★児童と日課の言い方を確認しながら，黒板に絵カードを提示します。その際，「Do you like "～Time"?　What time is your "～Time"? とやり取りをします。
★全ての絵カードを確認した後，ポインティング・ゲームを行います。

❷【Let's Chant】What time is it? p.15
・チャンツを歌わせる。
★❶の絵カードの下に時刻を書いておくと，児童は歌いやすくなります。児童とのやり取りを板書して，時刻を替えて歌うこともできます。

❸【Let's Watch and Think2】p.16
・【LWT】を視聴させる。
★p.16，17の都市名（LONDON，TOKYO，SAN FRANCISCO，NEW YORK）を伝え，児童とやり取りしながら，国名と場所を確認します。
★まず「What time is it in Tokyo?」と尋ね，「It's twelve p.m.」と確認し，東京の動画を視聴させます。その後，「What time is it in Tokyo?」と再度尋ね，「It's twelve p.m.」と答えた児童を称賛します。その後，何をしていたかを問い，「It's "Lunch Time".」ということを確認します。
★次に，「It's twelve p.m. in Tokyo. What time is it in London?」と他の都市の時刻を予想させます。その際，「It's twelve p.m. in London. It's "Lunch Time". No?」と教師が投げかけることで，児童に時差に気付かせます。
★San Francisco と New York も同様に行い，動画視聴の後，「What time is it in ～?」と児童に尋ねることで，「It's ～.」という表現に慣れ親しませます。
★インターネットを使うことで，まさに今の様子を見せることもできます。

❹【Let's Listen】p.16
・【LL】に取り組ませる。
★まず，テキストの絵が何を表しているかを確認します。次に，「What time is it?」と尋ねて，予想させ，積極的に日課や時刻を答えている児童を称賛します。その後に音声を聞かせることで，何を聞くかを焦点化します。
★【LL】の内容を踏まえて，教師が自分の好きな時刻を伝えることで，単元の中心活動を児童がイメージできるようにします。

❺ふりかえり（下記参照）

❻歌 Goodbye Song(『LT!1』p.8)
・歌を歌わせる。

ふりかえり

今日は他の国との時刻の違いを聞きました。日本は昼でも，他の国では夜だったね。不思議な感じだよね。だから，オリンピックのテレビ中継が夜中にあったりするんだね。いい気付きでした！

インターネットを使えば，外国の今を見れるんだ。親と一緒に見てみたい！

Unit4

What time is it?

今，何時？

第3/4時

児童に慣れ親しませたい英語　“○○ Time”, what time is it?

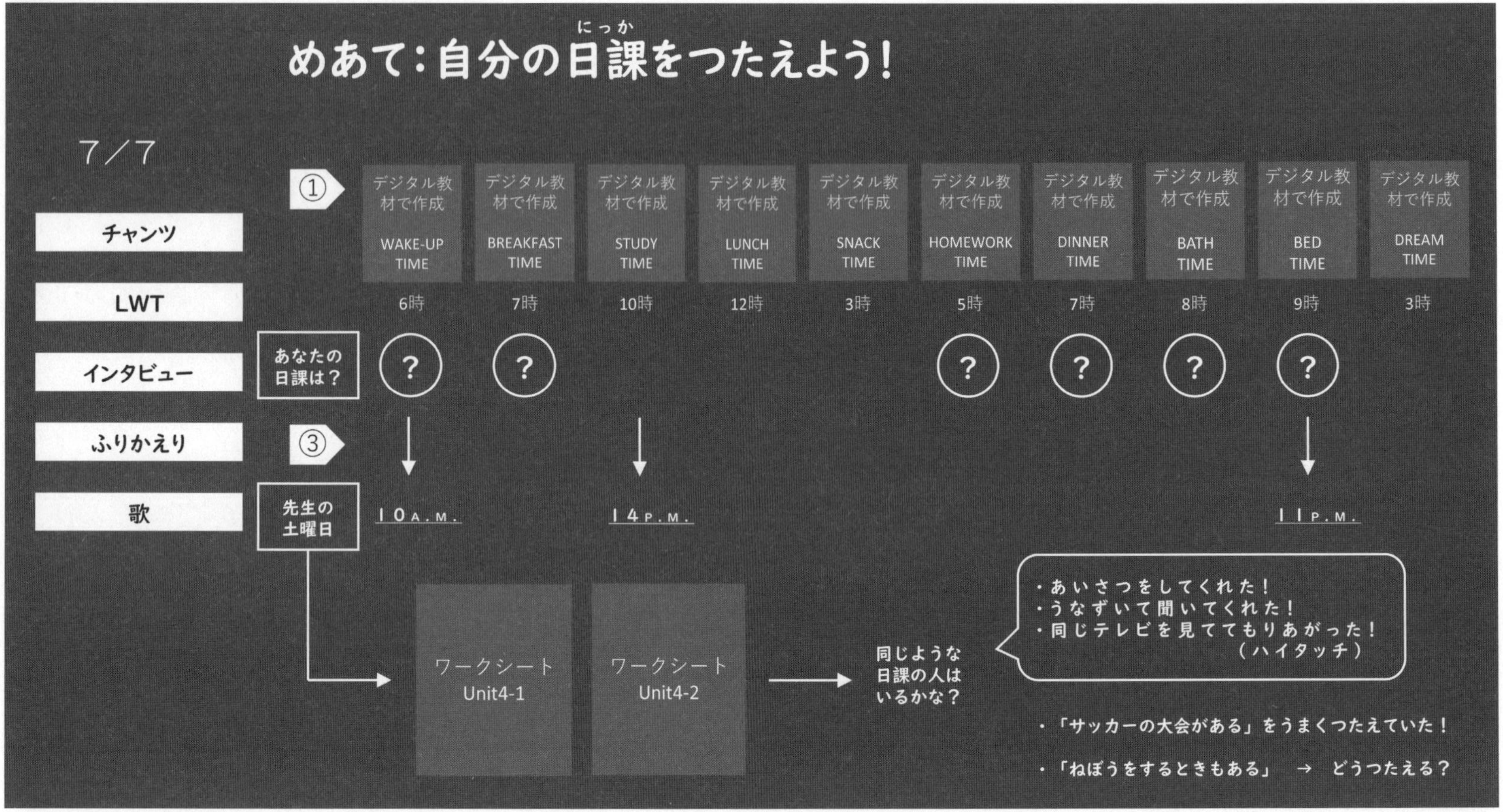

本時の内容（・）とポイント（★）

❶【Let's Chant】What time is it? p.15

・チャンツを歌わせる。

★1回目は，絵カードを示して日課の言い方を確認しながら，歌詞通りの時刻を書き，歌わせます。

★一度歌った後，日課の中で児童それぞれによって時刻が変わるもの（Wake-up Time/ Breakfast Time/ Homework Time/ Dinner Time/ Bath Time/ Bed Time）についてやり取りを行い，自分の時刻に替えて歌わせます。ペアになり，時刻を尋ねる役と答える役に分けて歌わせることもできます。

❷【Let's Watch and Think2】p.16

・【LWT2】を視聴させる。

★通し視聴の機能を使い，まず登場人物の名前や日課を随時止めて確認し，「Who is he? Is it "Bed Time"?」等のやり取りを行った後に視聴させることで，何を視聴するかを焦点化します。

★登場人物の日課確認後，「What time is your "Bed Time"?」などと尋ねて自分のことを語らせ，周りの児童で「Me, too.」等の反応をしている児童を称賛し，共感する雰囲気をつくるようにします。

❸インタビュー

・インタビューをさせる。

★まず，教師が土曜日の日課をクイズにして児童に尋ねます。（例："Wake-up Time" on Saturday. What time is it?）

★答え合わせの際，全員に「"Wake-up Time", what time is it?」と尋ねさせ，インタビューで使用する英語表現に慣れ親しませます。

★インタビューでは，「自分と同じような土曜日の過ごし方の人を見つけよう！」と投げかけることで，色々な日課について尋ねる必然性を与えます。

★インタビューでは，ワークシート1，2を使用します。

★中間評価を行う際，まずは尋ね合った友だちの良い態度を発表させます（挨拶，反応 等）。

★中間評価の中で，教師は英語を使って自分の思いを伝えていた児童を称賛するとともに，言えなかった英語表現を引き出し，言い換える指導を行います。

❹ふりかえり（下記参照）

❺歌 Goodbye Song(『LT!1』p.8)

・歌を歌わせる。

ふりかえり

友だちの土曜日の生活を尋ねてどうだった？　同じような過ごし方をしている人は何人くらいいたかな？　テキストに載っていないような，習い事やテレビの時間を，なんとか英語でやり取りしている人がいたのがすごかったね！

同じような生活をしている人がいてビックリ！　好きなテレビも同じだった！

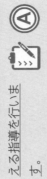

Unit4

What time is it?

今，何時？

第4/4時

児童に慣れ親しませたい英語　I like ○ a.m.／p.m. I like “○○ Time”.

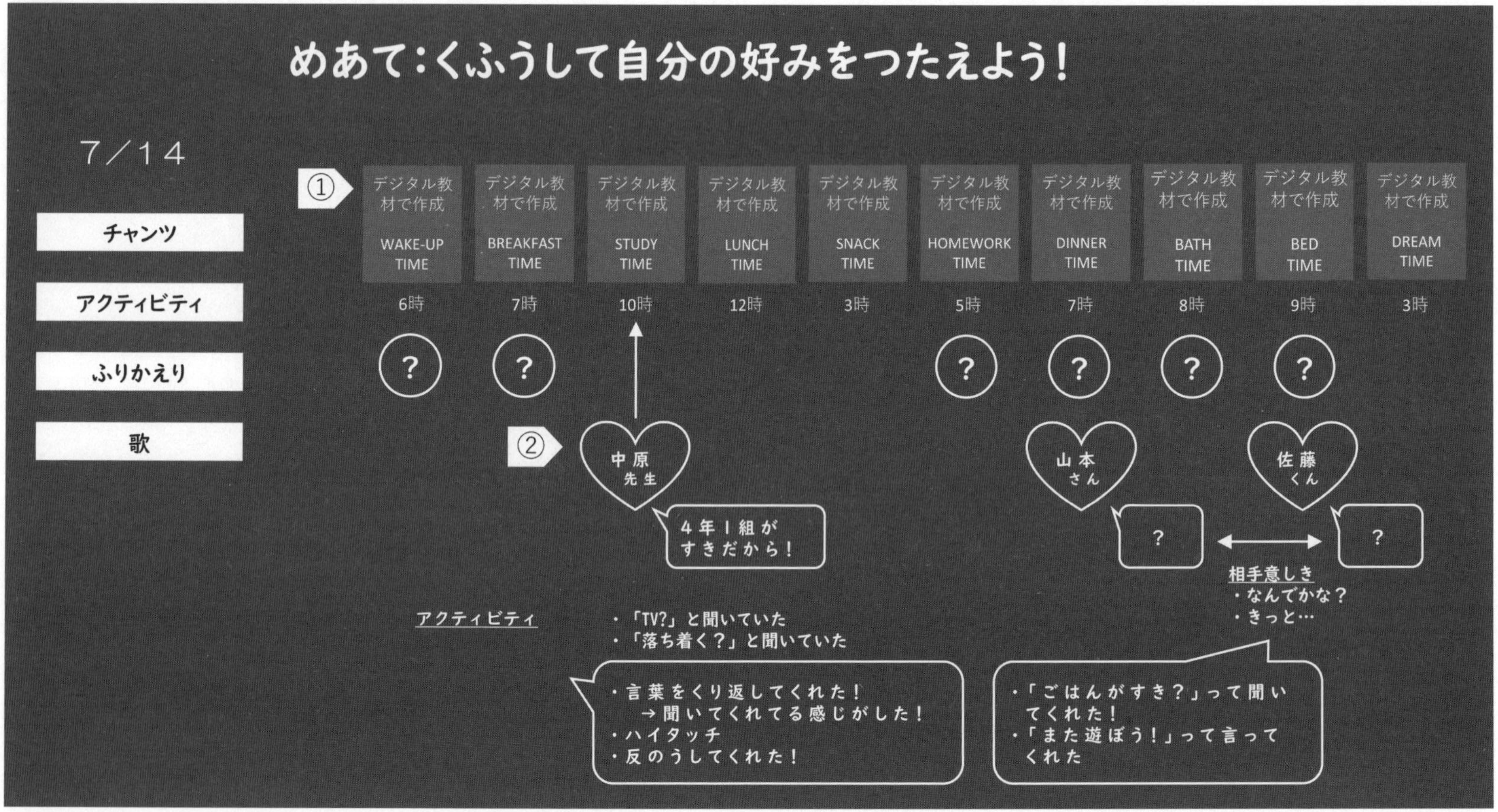

本時の内容（・）とポイント（★）

❶[Let's Chant]What time is it? p.15

・チャンツを歌わせる。

★１回目は，絵カードを示して日課の言い方を確認しながら歌詞通りの時刻を書き，歌わせます。

★一度歌った後，日課の中で児童それぞれによって時刻が変わるもの（Wake-up Time/ Breakfast Time/ Homework Time/ Dinner Time/ Bath Time/ Bed Time）についてやり取りを行い，自分の時刻に替えて歌わせます。ペアになり，時刻を尋ねる役と答える役に分けて歌わせることもできます。

❷【Activity】p.17

・自分が好きな時刻について伝え合わせる。

★指導者が好きな時刻を言い，板書の絵カードやジェスチャーを使って，好きな理由を伝えます。（例：I like 10 a.m. Why? [児童にどうしてだと思うかという問いかけ] I like "Study Time". I like ４年１組！）

★数名の児童に「What time do you like?」と尋ねます。答えた時刻が好きな理由を，周りの児童に予想させます。理由はここでは聞かず，相手意識をもたせます。

★Let's Listen（p.16）を聞かせ，アクティビティのイメージを伝えるとともに，教師が率先して反応し（例：Oh, 3 p.m. Me, too. I like sweets.），良いやり取りのモデルを示します。

★中間評価を行い，相手意識をもって予想を伝えたり，反応したりしている児童を称賛するとともに，児童にペアの良いところを尋ねて発表させたり，言いたいけど言えなかった英語表現について全員で考えたりするようにします。

❸ふりかえり

・単元全体をふりかえらせる。

★❷の活動において，相手が好きな時刻の理由を予想したり，単語レベルでも思いを伝えようとする姿勢や，相手の英語を聞いて「○○だから？」と思いを汲んだりしている態度を取り上げ，相手意識が育っていることを確認します。

★時差をきっかけにして世界に目を向けるおもしろさや，相違点や共通点を認める大切さについても話します。

❹歌 Goodbye Song（『LT!1』p.8）

・歌を歌わせる。

ふりかえり

今日で，「今，何時？」の学習は終わりです。友だちの生活を知るだけじゃなくて，その人の好きな時刻が分かって，今まで以上に仲良くなった気がするね。周りの人のことをいろんな面から考えられているのがうれしいです！

友だちがどんなことを考えて生活しているかが分かってうれしかった！

Unit5 Do you have a pen?

おすすめの文房具セットをつくろう［4時間］

目標

・文房具など学校で使う物や，持ち物を尋ねたり答えたりする表現に慣れ親しむ。（知識・技能）
・文房具など学校で使う物について，尋ねたり答えたりして伝え合う。（思考・判断・表現）
・相手に配慮しながら，文房具など学校で使う物について伝え合おうとする。（主体的に学習に取り組む態度）

中心となる言語活動と単元の見通し

中心となる言語活動　**身近な人のために文房具セットを作っておくろう。**

４年生後半になると，まだまだ低学年のような発達段階の児童と，高学年のような振る舞いをする児童とが混在します。本単元では文房具を語彙として扱い，単元最後には買い物ごっこのような言語活動を行いますが，ただ行うだけでは不十分です。そこに，「身近な人のために」という視点を入れ，相手意識を今まで以上にもたせることで，どの発達段階の児童も興味をもって取り組めるようにすることが大切です。

主な語彙・表現

表現例	Do you have (a pen)? Yes, I do. / No, I don't. I [have / don't have] (a pen). This is for you.
新出語彙	have，身の回りの物 (glue stick，scissors，pen，stapler，magnet，marker，pencil sharpener，pencil case，desk，chair，clock，calendar)，状態・気持ち (short) [既出] 挨拶，How's the weather? It's [Sunny / rainy / cloudy / snowy]. What day is it? It's (monday). Do you like (blue)? Yes, I do. / No, I don't. What (sport) do you like? I like (soccer). (The "A"card), please. How many (apples)? Ten (apples). 状態・気持ち (big，small，long，short)，形，色，スポーツ，動物，飲食物，数，身の回りの物 (pencil，eraser，ruler，crayon)，数（１～60)

単元を通した準備物

・デジタル教材　　・かばんや文房具
・ワークシート（Unit５－１，２，Unit１－２）　　・絵カード（文房具・国旗）

単元計画

	目標	活動（・）と評価の観点（★）
第1時	文房具などの学校で使う物の言い方に慣れ親しむ。	・チャンツ What time is it?　p. 15 ・クイズ　これは何？ ・Teacher Talk ・【Let's Watch and Think 1】　p. 18 ・【Let's Play 1】　p. 19 ★文房具などの学校で使う物を尋ねたり答えたりしている（知・技） ・歌　Goodbye Song（『Let's Try! 1』　p. 8）
第2時	文房具などの学校で使う持ち物を尋ねたり答えたりする表現に慣れ親しむ。	・BINGO ゲーム ・カード・デスティニー・ゲーム ★文房具などの学校で使う持ち物の質問に答えている（知・技） ・【Let's Chant】Do you have a pen?　p. 19 ・【Let's Listen】　p. 20 ★文房具などの学校で使う持ち物の質問に答えている（知・技） ・歌　Goodbye Song（『Let's Try! 1』　p. 8）
第3時	文房具など学校で使う物について，尋ねたり答えたりして伝え合う。	・【Let's Chant】Do you have a pen?　p. 19 ・【Let's Watch and Think 2】　p. 20 ・【Let's Play 2】　p. 21 ★文房具などの学校で使う物について尋ねたり答えたりして伝え合っている（思・判・表） ・歌　Goodbye Song（『Let's Try! 1』　p. 8）
第4時	相手に配慮しながら，文房具など学校で使う物について伝え合おうとする。	・【Let's Chant】Do you have a pen?　p. 19 ・【Activity】　p. 21 ★相手に配慮しながら，文房具など学校で使う物について伝え合おうとしている。(主) ・歌　Goodbye Song（『Let's Try! 1』　p. 8）

Unit5

Do you have a pen?

おすすめの文房具セットをつくろう

第1/4時

児童に慣れ親しませたい英語　身の回りの物（glue stick, scissors, pen, stapler, magnet, marker, pencil sharpener, pencil case 等）

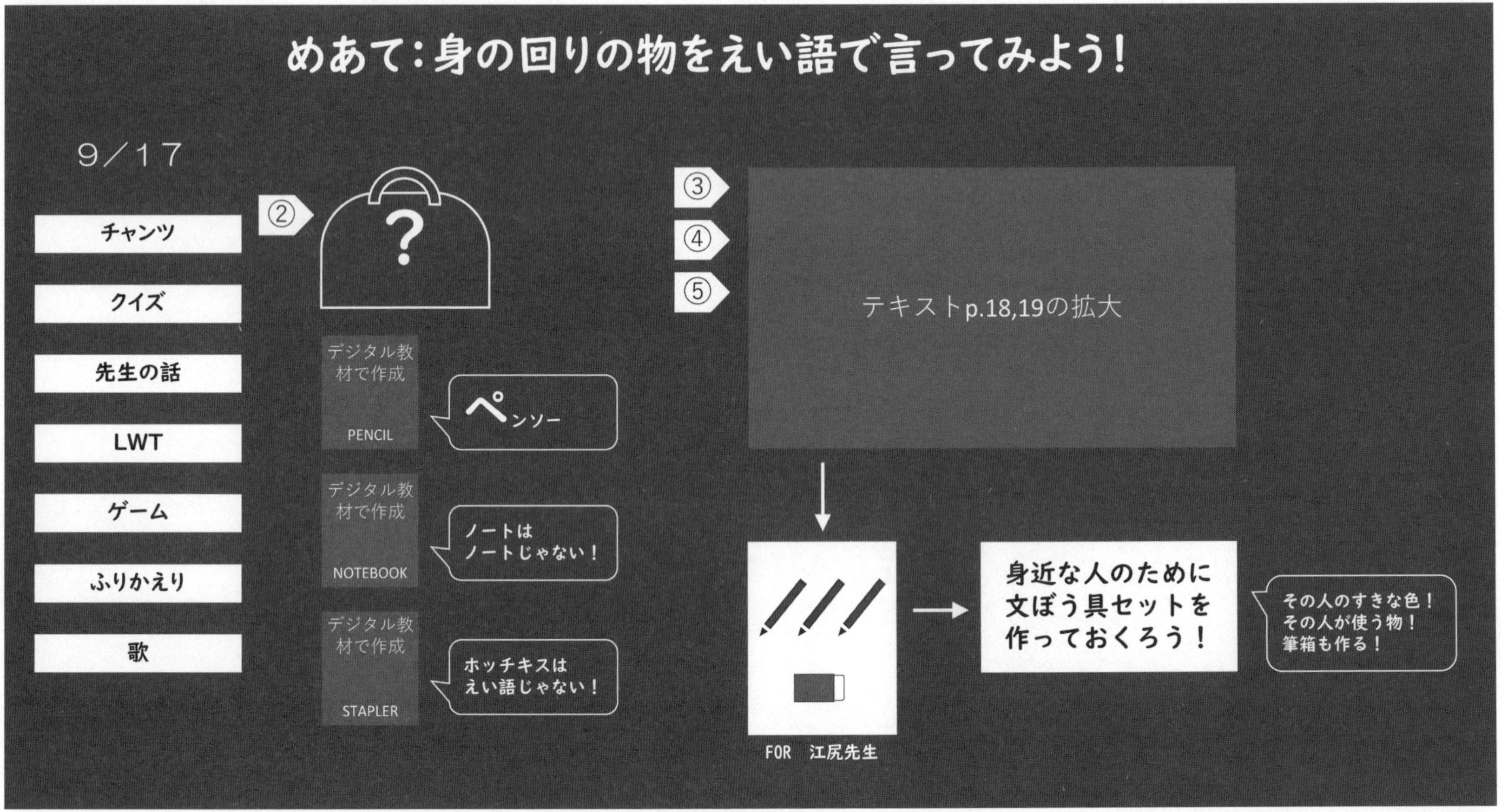

本時の内容（・）とポイント（★）

❶チャンツ What time is it? p.15

・チャンツを歌わせる。

★一度歌った後，実際の時刻を児童に尋ね「It's ~a.m. It's “Study Time”.」とやり取りをする。

❷クイズ　これは何？

・教師が用意したカバンの中の物についてクイズに答えさせる。

★カバンの中に，筆箱，ノート，ホッチキス等を入れておき，児童に予想させて答えさせながら，文房具を表す英語に出合わせます。鉛筆等は複数入れておき，児童とともに数えたり，「Do you have pencils?」とやり取りしたりします。

❸ Teacher Talk

・単元の見通しをもたせる。

★ p.18，19を見せ，デジタル教材で音声を聞かせながら「Do you have pens?」とやり取りをし，文房具の言い方に出合わせます。

★次に，本単元の中心活動として，指導者がワークシート１，２を使って校内の先生のために作成した文房具セットを紹介します。

（例：This is for 江尻先生．I have three pencils, one eraser. 江尻先生 likes blue.）

★主体的な学びに向けて，文房具セットをどのように紹介すると良いかを児童と考えることもできます。

❹【Let's Watch and Think 1】p.18

・【LWT】を視聴させ，数を数えさせる。

★「いくつあるかな」の動画は，ペアでお店屋さんごっこをしている場面です。動画アイコンの上は数える声なし，下は数える声ありです。

★動画アイコンの上を使い，「How many ○○？」と尋ね，最初は個別に数えさせてから「Let's count together!」と投げかけることで，主体的に取り組ませます。

★児童の実態に応じて，動画アイコンの下を使い，はじめから一緒に数えることもできます。

❺【Let's Play 1】p.19

・I spy ゲームに取り組ませる。

★教師がヒントを出し，それに当てはまる文房具を答えさせます。

教師「I spy with my little eye ……something blue.」

児童「Pencil!」

言い当てた後，その色が好きか，その物を持っているか等を尋ね，答えさせます。

★積極的に文房具を英語で言ったり，質問に答えたりしている児童を称賛します。

❻ふりかえり（下記参照）

❼歌 Goodbye Song（『LT! 1』p.8）

・歌を歌わせる。

ふりかえり

今日は文房具の色や数を聞いたり答えたりしました。ホッチキスは英語だと思っていたけど，言い方が違って驚いたね。単元の最後には，誰かのための文房具セットを紹介してもらいます。どんな発表をするか考えていきましょう！

相手が喜ぶように，好きな色や物が入った文房具セットを考えたい！

Unit5 Do you have a pen?

おすすめの文房具セットをつくろう

第2/4時

★児童に慣れ親しませたい英語　I have ～.

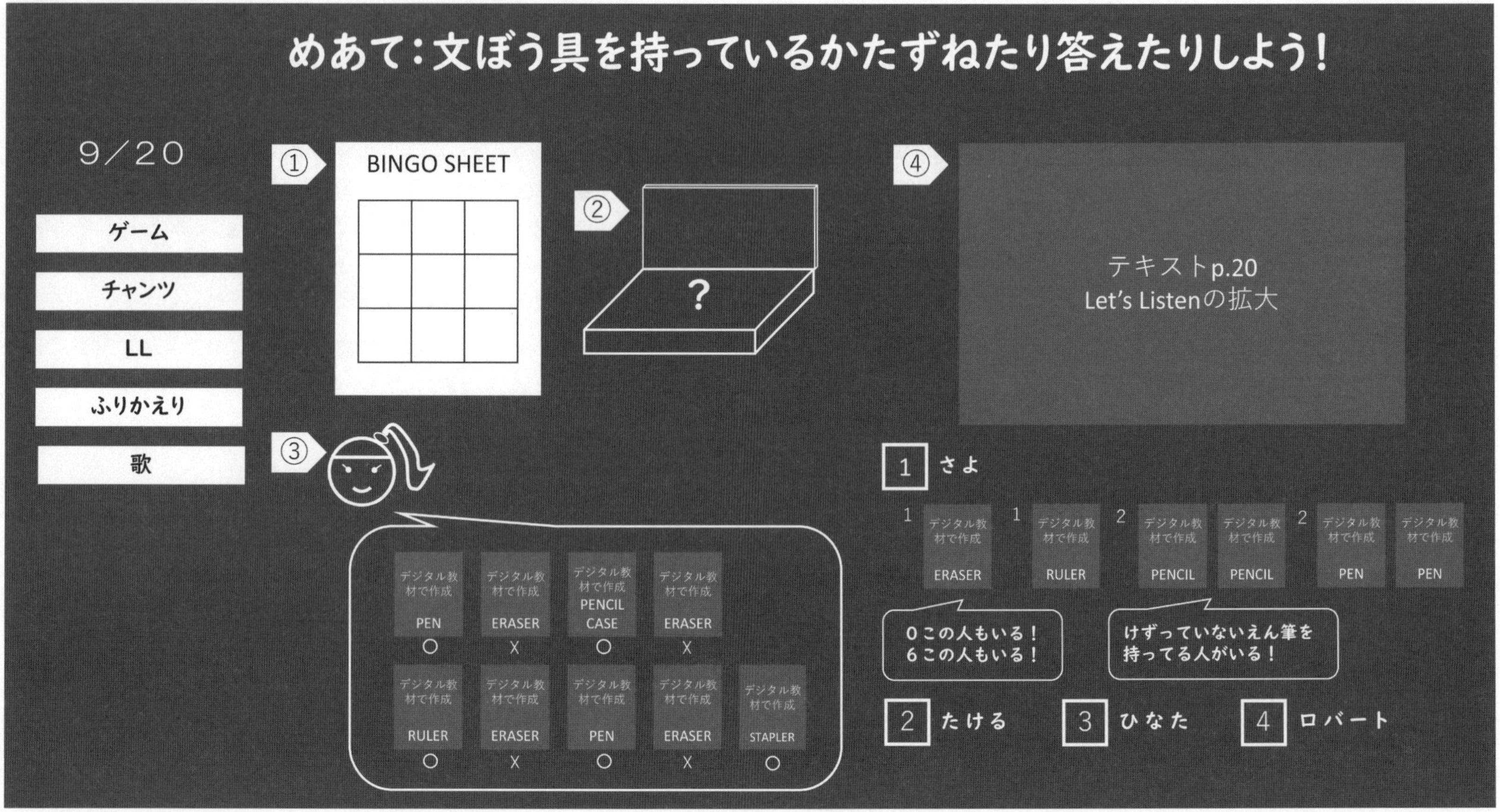
めあて：文ぼう具を持っているかたずねたり答えたりしよう！
9／20
ゲーム
チャンツ
LL
ふりかえり
歌
①
BINGO SHEET
②
?
③
デジタル教材で作成 PEN ○
デジタル教材で作成 ERASER X
デジタル教材で作成 PENCIL CASE ○
デジタル教材で作成 ERASER X
デジタル教材で作成 RULER ○
デジタル教材で作成 ERASER X
デジタル教材で作成 PEN ○
デジタル教材で作成 ERASER X
デジタル教材で作成 STAPLER ○
④
テキストp.20
Let's Listenの拡大
1 さよ
1 デジタル教材で作成 ERASER
1 デジタル教材で作成 RULER
2 デジタル教材で作成 PENCIL
デジタル教材で作成 PENCIL
2 デジタル教材で作成 PEN
デジタル教材で作成 PEN
0この人もいる！
6この人もいる！
けずっていないえん筆を
持ってる人がいる！
2 たける
3 ひなた
4 ロバート

本時の内容（・）とポイント（★）

❶ BINGOゲーム

・ゲームに取り組ませる。

★ビンゴワークシート（Unit 1－2）と，巻末の児童用カード（文房具）を用意し，ビンゴワークシートのマスに児童用カード（文房具）をランダムに並べさせます。教師が「Do you have ～（文房具）？」と尋ね，「Yes, I do./ No, I don't.」と答えさせ，カードがあれば裏返させ，縦，横，斜めのどれか1列が揃えばビンゴとなります。

★全体に問うだけではなく，個別に尋ねる場面を作ることで，実際のやり取りに近付きます。

❷カード・デスティニー・ゲーム

・ゲームに取り組ませる。

★教師が自分の筆箱に何を入れるか悩んでいるという場面設定を行い，児童に「What do you want?」と尋ねて自分なら何を入れるか考えさせ，巻末の児童用カード（文房具）の中から5種類選んで持たせます。

★教師が，「Do you have ～？」と尋ね，それを持っている児童は「Yes, I do.」と言って机に出し，5枚全てなくなればあがりです。

★個別に尋ねる場面を作り，積極的なやり取りをする児童を称賛します。

❸【Let's Chant】Do you have a pen? p.19

・チャンツを歌わせる。

★まず，教師が「Do you have a pen？」と児童に尋ねます。その後，女の子の絵を提示し，「Yes, I do.」と答え，絵カードの下に○を書きます。続いて，歌詞と同様に，eraser は「No, I don't.」，それ以外の pencil case/ ruler/ pen/ stapler は「Yes, I do.」で答え，○と×を書きます。

★その後，一度チャンツを聞かせて，全体の内容を理解させたあと，教師が尋ねる役，児童が答える役となり，チャンツを歌います。

❹【Let's Listen】p.20

・【LL】に取り組ませる。

★テキストで活動内容を確認した後，少しずつ止めながら1つ目を聞かせ，何を聞くかを焦点化します。

★2つ目以降は通して聞かせ，「What did you catch？」と尋ね，積極的に聞こうとしている児童を称賛し，周りの児童の意欲も高めます。

★「How many pens do you have?」と実際のやり取りも行い，「I have ～.」の表現に慣れ親しませます。

❺ふりかえり（下記参照）

❻歌 Goodbye Song（『LT! 1』p.8）

・歌を歌わせる。

ふりかえり

今日は文房具をいくつ持っているか尋ねたり答えたりしました。チャンツの男の子は消しゴムを10個持っていたけど，それに近い数を持っている友だちもいたね。ビックリ！　数についての英語でのやり取りには慣れてきているね！

筆箱の中身も，思っていたより違いがあってビックリしました！

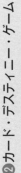

Unit5

Do you have a pen?

おすすめの文房具セットをつくろう

第3/4時

児童に慣れ親しませたい英語　Do you have ～?

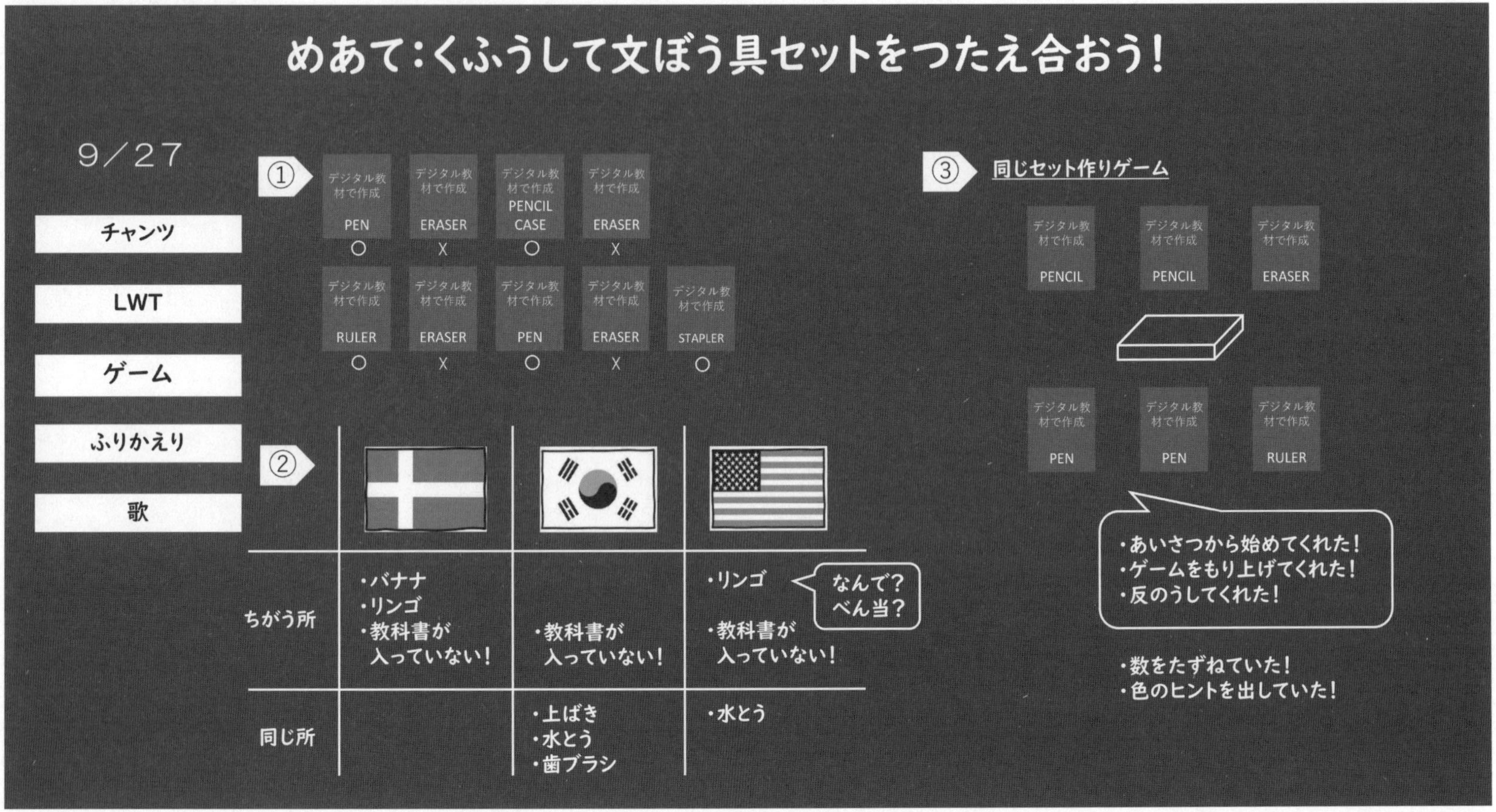

本時の内容（・）とポイント（★）

❶【Let's Chant】Do you have a pen? p.19

・チャンツを歌わせる。

★前時と同様，１回目は教師が尋ねる役，児童が答える役となり，尋ね合う場面をイメージさせたうえで歌わせます。２回目は役割を交代して歌わせます。

★チャンツの後，「Do you have ～?」「How many ～ do you have?」の表現を使って，児童とやり取りをします。その際，答えた内容に興味を示すことで，実際のコミュニケーションになるようにします。

❷【Let's Watch and Think 2】p.20

・【LWT 2】を視聴させる。

★まず国旗で国名を確認します。

★次にカバンの中身を予想させ，英語で言えそうなものは教師が英語で伝えます。（例：なわとび → jump rope）

★「日本と違う所と同じ所を見つけよう」と視点を与え，動画を視聴させます。

★気付いたことを発表させた後，「なぜ，バナナやリンゴがカバンに入っているか」や，教科書等が入っていない理由を考えさせるようにします。

❸【Let's Play 2】p.21

・同じ文房具セット作りゲームに取り組ませる。

★まず，代表児童を選び，黒板が見えないようにしてから，教師が文房具セットを示します。その後，代表児童に「Do you have ～?」と尋ねさせながら，教師と同じ文房具セットを作らせます。

★次に，役割を交代して行います。教師は「Do you have ～?」「How many ～?」という表現を使い，代表児童だけではなく，他の児童にも尋ねて反応させることで，実際のコミュニケーションになるようにします。

★教師と代表児童等とのやり取りをモデルとして，次は児童同士のペアで行うことを告げ，活動を始めます。中間評価を行い，ペアの友だちの良かった所を発表させるとともに，良い関わりをしている児童を称賛します。児童の実態に応じて，尋ね合いではなく，「2 erasers.」と物の名前で伝え合うこともできます。

❹ふりかえり（下記参照）

❺歌 Goodbye Song（『LT! 1』p.8）

・歌を歌わせる。

ふりかえり

今日は，お互いが考えた文房具セットを伝え合いました。うまく伝わりましたか？　物の名前だけじゃなくて，数や色を尋ねている人もいてビックリしました！　どうすれば相手とうまくやり取りできるかを考えているのがいいね！

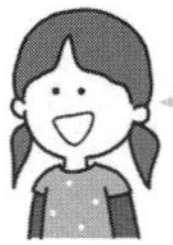

数や色のヒントを出し合うことで，伝わりやすくなりました！

Unit5

Do you have a pen?

おすすめの文房具セットをつくろう

第4/4時

児童に慣れ親しませたい英語 Do you have ～？ Yes, I do.／No, I don't. Here you are.

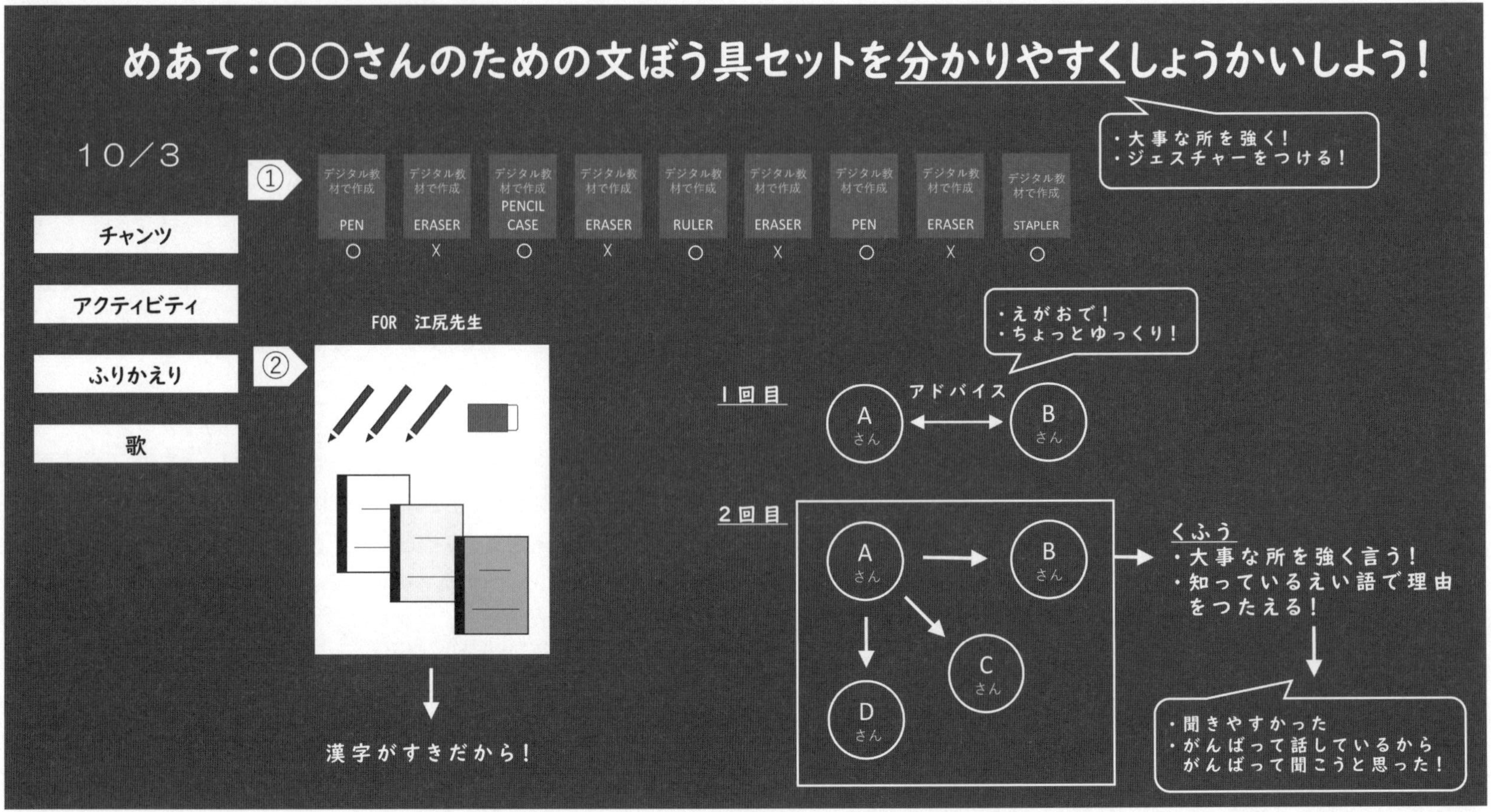

本時の内容（・）とポイント（★）

❶【Let's Chant】Do you have a pen? p.19

・チャンツを歌わせる。

★前時と同様，１回目は教師が尋ねる役，児童が答える役となり，尋ね合う場面をイメージさせたうえで歌わせます。２回目は役割を交代して歌わせます。

★チャンツの後，「Do you have ～？」「How many ～ do you have？」の表現を使って，児童とやり取りをします。その際，答えた内容に興味を示すことで，実際のコミュニケーションになるようにします。

❷【Activity】p.21

・身近な人のために作った文房具セットを紹介させる。

★誰かのために作った文房具セットを紹介することを告げ，第１時に行った紹介を再度行います。（例：This is for 江尻先生.（I have）3 pencils. 1 eraser. 3 notebooks. 江尻先生 likes 漢字.）

★その際，どのように紹介すればより良くなるかを児童に問いかけ，それをめあてに反映させることで，主体的な学びにつなげます。（例：大事な部分を強調，ジェスチャー等）

★クラスの児童名を書いた紙をランダムに配付し，その児童に合わせて文房具セットを作らせることで，相手意識をもたせるとともに，人間関係を広げることができます。

★お店屋さんごっこの要領で活動を行い，お客さんの立場で集めたカードを別の紙（台紙等）に貼って完成させます。

★発表はまずペアで行い，アドバイスをし合った後に，グループや全体で発表させ，工夫した発表をしている児童を称賛します。

❸ふりかえり

・単元全体をふりかえらせる。

★❷の活動において，ペアでアドバイスし合ったことで発表が良くなった例を取り上げ，関わる大切さを伝えます。

★代表児童の発表の工夫を取り上げ，聞き手としてはどう感じたかを発表させることで，相手に伝えようとする意識が育っていることを確認し，次の発表への意欲を向上させます。

❹歌 Goodbye Song（『LT!1』p.8）

・歌を歌わせる。

ふりかえり

今日で，「おすすめの文房具セットをつくろう」の学習は終わりです。相手のために作るには，相手のことを知っておくのが大事だよね。普段からの関わりの良さが伝わってきました！　ペアでアドバイスし合っていたのも良かった！

私のことを考えてくれてるのが伝わってくる文房具セットがもらえた！

Unit6 Alphabet
アルファベットで文字遊びをしよう［4時間］

目標

・身の回りには活字体の文字で表されているものがあることに気付き，活字体の小文字とその読み方に慣れ親しむ。（知識・技能）
・身の回りにあるアルファベットの文字クイズを出したり答えたりする。（思考・判断・表現）
・相手に配慮しながら，アルファベットの文字について伝え合おうとする。（主体的に学習に取り組む態度）

中心となる言語活動と単元の見通し

中心となる言語活動　相手が選んだ色について尋ね合う。

３年生でアルファベットの大文字を扱い，４年生のこの単元で小文字を扱います。小文字は曲線が多く，四線上に示すと高さもさまざまであり，大文字と比べて，定着にはかなり時間を要すると考えられます。だからこそ，この単元での小文字との出合いが大切です。さまざまな活動を通して音と形に慣れ親しませることで，文字に対する興味関心を高め，高学年での定着を目標とした文字指導につなげることが大切です。

主な語彙・表現

表現例	Look. What's this? Hint, please. How many letters? I have (six). Do you have (a "b")? Yes, I do. / No, I don't. That's right. Sorry. Try again.
新出語彙	小文字（a～z），letter，try，again，bookstore，juice，news，school，station，taxi，telephone ［既出］What do you want?　up，down，left，right，look，shop，数（１～60），大文字（A～Z），身の回りの物など

単元を通した準備物

・大文字で書かれたロゴや写真　・教師用カード（大文字・小文字）
・デジタル教材　・おはじき　・ビンゴシート（ワークシート Unit１－３）
・小文字の表（ａ－ｚ）　・色の表（red，blue 等）

単元計画

	目標	活動（・）と評価の観点（★）
第1時	身の回りには活字体の文字で表されているものがたくさんあることに気付き，活字体の小文字とその読み方に慣れ親しむ。	・クイズ　これは何？ どこにある？ ★身の回りには活字体の文字で表されているものがたくさんあることに気付いている（知・技） ・【Let's Watch and Think】 p. 22 ・【Let's Sing】ABC Song　p. 23 ・ポインティング・ゲーム ・ミッシング・ゲーム ・【Let's Chant】Alphabet Chant　p. 23 ・歌　Goodbye Song（『Let's Try! 1』 p. 8）
第2時	活字体の小文字とその読み方に慣れ親しむ。	・【Let's Sing】ABC Song　p. 23 ・【Let's Chant】Alphabet Chant　p. 23 ・【Let's Play 1】 p. 23 ・【Let's Play 2】 p. 23 ★活字体の小文字の読み方を聞いたり言ったりしている（知・技） ・マッチング・ゲーム ★活字体の小文字の読み方を聞いたり言ったりしている（知・技） ・歌　Goodbye Song（『Let's Try! 1』 p. 8）
第3時	身の回りにあるアルファベットの文字について尋ねたり答えたりする。	・【Let's Sing】ABC Song　p. 23 ・【Let's Chant】Alphabet Chant　p. 23 ・BINGO ゲーム ・【Let's Listen】 p. 24 ・アルファベット文字クイズ ★身の回りにあるアルファベットの文字について尋ねたり答えたりしている（思・判・表） ・歌　Goodbye Song（『Let's Try! 1』 p. 8）
第4時	相手に配慮しながら，アルファベットの文字について伝え合おうとする。	・【Let's Chant】Alphabet Chant　p. 23 ・【Activity 1】 p. 25 ・【Activity 2】 p. 25 ★相手に配慮しながら，アルファベットの文字について伝え合っている（主） ・歌　Goodbye Song（『Let's Try! 1』 p. 8）

Unit6

Alphabet

アルファベットで文字遊びをしよう

第1/4時

★児童に慣れ親しませたい英語　アルファベットの小文字の名称

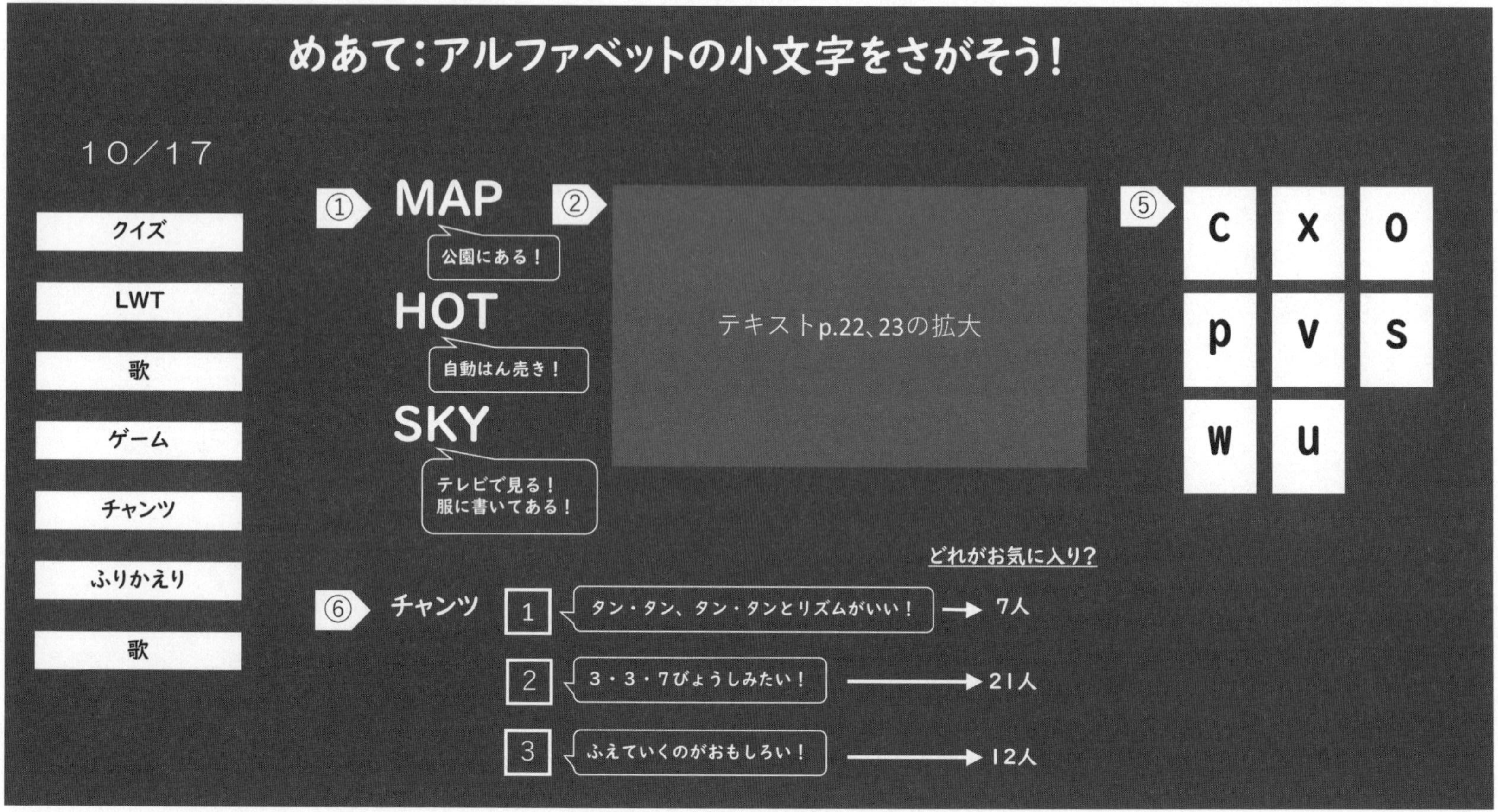

本時の内容（・）とポイント（★）

❶クイズ　これは何？ どこにある？
・クイズに答えさせる。
★身の回りや地域にある大文字で表示されたロゴや看板の写真等を用意しておきます。
★その写真等のアルファベットを黒板に書き，児童にそれが何かを尋ねて答えさせ，身の回りにはアルファベットで表されているものが多くあることに気付かせます。
★テキスト p.22，23を開かせ，教師がアルファベットの名称（エイ，ビー等）を言い，それがどこにあるか探させます。筆記体の存在にも触れ，字体が色々あることにも気付かせます。

❷【Let's Watch and Think】 p.22
・【LWT】を視聴させる。
★動画を視聴させ，アルファベットの名称（ピー，オー等）を聞かせた後，一度止めて，教師と一緒に言ってみるように促します。
★２つ目からは，動画を視聴する前に，読めるかどうか尋ね，看板等のアルファベットの名称を言ってみるように促します。

❸【Let's Sing】 ABC Song p.23
・歌を歌わせる。
★３年生時との違いは小文字ということです。歌う前に「a，b，c，Next is……?」と文字を示しながらやり取りをして小文字に慣れ親しませます。

❹ポインティング・ゲーム
・ゲームに取り組ませる。
★テキスト p.22，23を開かせ，教師が言った名称のアルファベットを指で押さえさせます。その際，デジタル教材【Let's Play 1】のランダム再生を使用することもできます。

❺ミッシング・ゲーム
・ゲームに取り組ませる。
★小文字カードを黒板に掲示しながら読み方を確認します。１枚ずつ外しながら再度読み方を確認し，１枚カードを抜いて再度掲示します。抜いたカードを当てさせます。
★実態に応じて，３枚程度から始めたり，抜く数を増やしたりします。

❻【Let's Chant】Alphabet Chant p.23
・チャンツを歌わせる。
★チャンツは３種類用意されています。「３種類を聞いて，自分のお気に入りを選んでください」と投げかけ，３種類を聞かせてそれぞれの特徴を発表させます。その後，「What is the best for you? Who thinks No.1? No.2? No.3?」と尋ね，一番人気を全員で歌うことで，主体性を引き出します。

❼ふりかえり（下記参照）
❽歌 Goodbye Song(『LT!1』 p.8)
・歌を歌わせる。

ふりかえり

今日はアルファベットの小文字の名称を聞き，テキストから探しました。先生がクイズを出した後，筆箱やノートに書いてあるアルファベットを見つけている人もいたね。すごい！　また探してみよう！　身の回りにたくさんあるよ！

アルファベットには大文字と小文字があるんだ！　身の回りで探してみよう！

Unit6

Alphabet

アルファベットで文字遊びをしよう

第2/4時

児童に慣れ親しませたい英語　Do you have ～（アルファベットの小文字の名称）?

めあて：小文字と大文字を組み合わせてみよう！

10／24

- 歌
- チャンツ
- ゲーム
- ふりかえり
- 歌

①
②

a b c d e f g
h i j k l m n
o p q r s t u
v w x y z

⑤ 同じような形は何文字ある？

10文字

ひらがなとカタカナもにている文字がある！

・ほぼ同じ　→　「へ」と「ヘ」　「り」と「リ」
・にている　→　「う」と「ウ」　「か」と「カ」　「き」と「キ」
「に」と「ニ」　「も」と「モ」　「や」と「ヤ」

A	B	C	D	E	F	G	H	I	J	K	L	M
a	b	c	d	e	f	g	h	i	j	k	l	m

N	O	P	Q	R	S	T	U	V	W	X	Y	Z
n	o	p	q	r	s	t	u	v	w	x	y	z

本時の内容（・）とポイント（★）

❶【Let's Sing】ABC Song p.23
❷【Let's Chant】Alphabet Chant p.23

・歌，チャンツを歌わせる。

★「ABC Song」は，名称を聞かせるだけでは3年生時と同じなので，小文字の表を示してから歌わせることで，名称と小文字の形に慣れ親しませるようにします。

★「Alphabet Chant」は，3種類を聞かせてからどれを歌うか選択させることで主体性を引き出します。その際，前時に歌ったものを除くことも考えられます。

❸【Let's Play 1】p.23
❹【Let's Play 2】p.23

・ゲームに取り組ませる。

★まず，デジタル教材等を利用してアルファベットの名称を聞かせ，p.22，23の絵の中から探させます。

★次に，テキストのアルファベットから5つ選んでおはじきを置かせます。教師はカードを10枚持ち，児童に「Do you have a ～?」と尋ねさせ，その文字カードを持っていたら「Yes, I do. I have ～.」と答え，その文字上におはじきがあれば取らせ，なくなればあがりです。進んで尋ねたり言ったりする児童を称賛します。

❺マッチング・ゲーム

・ゲームに取り組ませる。

★まず，大文字カードを見せて名称を言わせながら，黒板に掲示していきます。

★次に，小文字カードを見せて，教師が名称を言ったり児童に言わせたりします。その際，教師がわざと間違う場面を作ります（例：小文字の "b" を見せて，「ディー "d"」と言う）。「No! "b"!」と積極的に聞いたり言ったりしている児童を称賛し，アルファベットの名称や形に興味関心をもたせるようにします。

★児童をペアにして，児童用カードの大文字と小文字を1セットずつ用意させ，表を上にして全てをシャッフルさせます。その後，ペアで協力して，大文字と小文字に分類させた上で，アルファベット順に並べさせるようにします。

★並べさせた後，「大文字と小文字が同じような形をしているのは何文字ある？」と尋ね，形への興味関心を高めます。また，日本語のひらがなとカタカナについても同様に考えさせます。

❻ふりかえり（下記参照）
❼歌 Goodbye Song（『LT!1』p.8）

・歌を歌わせる。

ふりかえり

今日はアルファベットの大文字と小文字を組み合わせました。同じような形をしている文字があったね。曲がっている所や飛び出ている所，文字の形に注目するのもおもしろいね。日本語のひらがなとカタカナで比べるのもいいね！

日本語のひらがなとカタカナにも，同じような形のものがあるよ！

Unit6 Alphabet
アルファベットで文字遊びをしよう

第3/4時

★児童に慣れ親しませたい英語　I have (アルファベット小文字の名称).

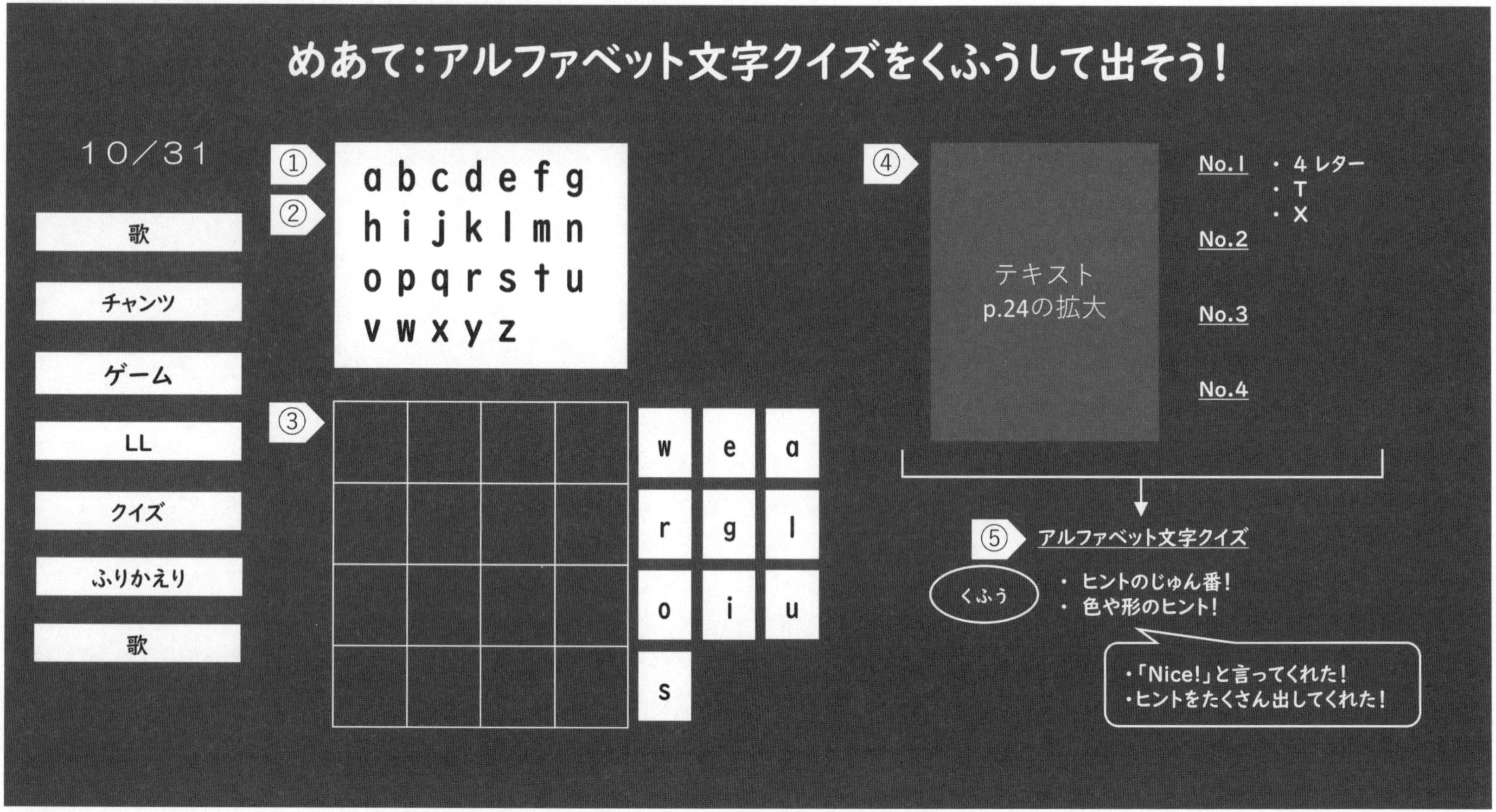
めあて:アルファベット文字クイズをくふうして出そう!
10/31
歌
チャンツ
ゲーム
LL
クイズ
ふりかえり
歌
①
②
a b c d e f g
h i j k l m n
o p q r s t u
v w x y z
③
w e a
r g l
o i u
s
④
テキスト
p.24の拡大
No.1 ・4 レター
・T
・X
No.2
No.3
No.4
⑤ アルファベット文字クイズ
くふう
・ヒントのじゅん番!
・色や形のヒント!
・「Nice!」と言ってくれた!
・ヒントをたくさん出してくれた!

本時の内容（・）とポイント（★）

❶【Let's Sing】ABC Song p.23
❷【Let's Chant】Alphabet Chant p.23

・歌，チャンツを歌わせる。

★「ABC Song」は，音を聞かせるだけでは３年生時と同じなので，小文字の表を示してから歌わせることで，音と小文字の形に慣れ親しませるようにします。Ⓐ

★「Alphabet Chant」は，３種類を聞かせてからどれを歌うか選択させることで主体性を引き出します。その際，前時に歌ったものを除くことも考えられます。Ⓐ

❸ BINGO ゲーム

・ビンゴゲームに取り組ませる。

★まず，ビンゴシート（４×４，ワークシート Unit１－３）を配付し，児童に小文字カードの中から16枚を選んでマスに並べさせます。

★次に，教師が小文字カードを10枚選んで持ち，代表児童に「Do you have ～？」と尋ねさせ，あれば，「Yes, I do. I have ～.」と答えます。

★教師が言った小文字を選んでいた場合にはカードを裏返させ，縦・横・斜めで一列裏返ればビンゴとなります。「Do you have ～？」という表現と，アルファベットの名称に慣れ親しませます。

❹【Let's Listen】p.24

・【LL】に取り組ませる。

★まず，p.24を開かせ，活動内容を確認します。次に，デジタル教材で No.1を一文ずつ止めながら聞かせ，「What did you catch?」とやり取りをしながら答えを児童とともに確認することで，聞き取れた英語から答えを類推する流れを確認します。
（例：４ letters? B/u/s/s/t/o/p……７ letters. So this is not the answer.）

★ No.２以降は通して聞かせた後，No.１と同様にやり取りをしながら答えを確認していきます。Ⓐ

❺アルファベット文字クイズ

・クイズに取り組ませる。

★ペアになり，❹の活動と同様に，１人が「I have 4 letters. I have a "T" and an "X".」と伝え，もう１人がそれが何かを答えます。テキスト p.22，23や，身の回りのもので行います。

★中間評価を行い，工夫してヒントを出している児童を称賛します。

★児童の実態に応じて，ペアで問題を考えさせることもできます。

❻ふりかえり（下記参照）

❼歌 Goodbye Song(『LT!１』p.８)

・歌を歌わせる。

ふりかえり

今日はアルファベット文字クイズをしました。ヒントを出す時に，その順番を考えたり，Let's Listen にはなかった色や形をヒントに出している人もいたね。さらに，「Nice quiz!」と感想を伝えている人がいたよ！

考えて出したクイズについて，「ナイス！」と言ってもらえてうれしかった！

Unit6

Alphabet

アルファベットで文字遊びをしよう

第4/4時

★児童に慣れ親しませたい英語　Do you have (アルファベットの小文字)?　Yes, I do. I have (アルファベットの小文字).

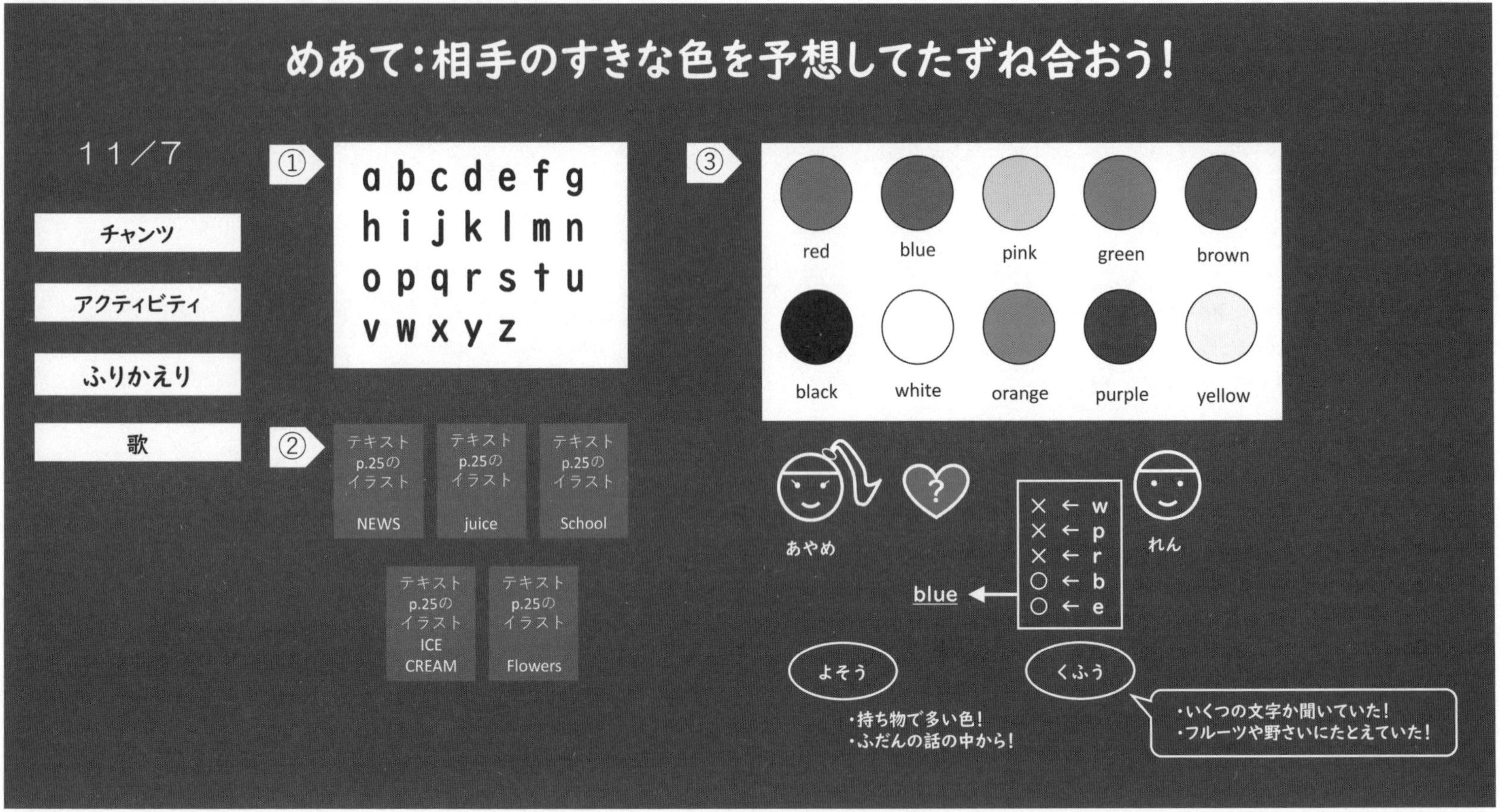

本時の内容（・）とポイント（★）

❶【Let's Chant】Alphabet Chant p.23

・チャンツを歌わせる。

★3種類を聞かせてから，どれを歌うか選択させることで主体性を引き出します。

★児童の実態に応じて，「a」からではなく，「f」や「r」など途中から歌わせることもできます。その際，教師が見本を見せた後，「Can you sing ?」と投げかけることで児童の意欲を高めます。ペアで練習時間を取り，お互いにチェックし合いながら取り組ませます。

❷【Activity 1】p.25

・文字クイズに取り組ませる。

★まず，p.25の5つの絵のアルファベットの名称を，1つずつ確認します。(例：N-E-W-S，NEWS)

★その後，代表児童を前に出し，5つの中から1つ選ばせ，それを当てるために教師が質問をします。その際，「N, E, W, S……Do you have a "N"?」と予想も声に出し，「How do you think?」と周りの児童とやり取りしながら進め，「Do you have ～？」は全員で尋ね，質問する表現に慣れ親しませます。その後，ペアで同様の活動を行わせます。

❸【Activity 2】p.25

・選んだ色について尋ね合わせる。

★❷の活動と同様に行います。

★まず，デジタル教材を使って，2人のやり取りのモデルを聞かせます。それを視覚的に板書し，どのように尋ねるかをイメージさせます。

★次に，自分が好きな色を決めさせます。その後，ペアでお互いの好きな色を尋ね合わせます。中間評価を行い，良いやり取りを紹介して称賛します。

★やり取りの視点を広げるために，予想の仕方やヒントの出し方を共有し，再度，行わせます。

❹ふりかえり

・単元全体をふりかえらせる。

★❸の活動において，普段の相手の様子を元に好きな色を予想している例を取り上げ，相手意識が育っていることを伝えます。

★❸の活動において，デジタル教材のモデルがしていないやり取りをしていたペアを称賛し，主体的に考える力が育っていることを伝えます。

❺歌 Goodbye Song（『LT! 1』p.8）

・歌を歌わせる。

ふりかえり

今日で，「アルファベットで文字遊びをしよう」の学習は終わりです。小文字には慣れてきたかな？　今日の好きな色を当てる活動は，普段の友達の様子を元に予想していたのが良かったね！　友達との関わりが深まってきているね！

普段は話さない内容でも，いつもの様子から「きっとこうだ！」と予想できたよ！

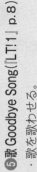

Unit7 What do you want?

ほしいものは何かな？［5時間］

目標

・食材の言い方や，欲しいものを尋ねたり要求したりする表現に慣れ親しむ。（知識・技能）
・欲しい食材などを尋ねたり要求したりするとともに，考えたメニューを紹介し合う。（思考・判断・表現）
・相手に配慮しながら，自分のオリジナルメニューを紹介しようとする。（主体的に学習に取り組む態度）

中心となる言語活動と単元の見通し

中心となる言語活動　友だちとオリジナルピザを紹介し合う。

本単元では，果物や野菜を表す英語を主に扱い，前半はパフェ作り，後半はピザ作りが言語活動として設定されています。場面を変えることで表現に何度も慣れ親しませ，２往復以上のやり取りを想定し，What do you want? だけではなく，How many?, Do you like ～？という既習表現も活用させるようにします。また，やり取りに用いる英語表現だけではなく，oval や long，アルファベットの名称等にも慣れ親しませる活動が設定されています。

主な語彙・表現

表現例	What do you want? I want (potatoes), please. How many? (Two), please. Here you are. Thank you.
新出語彙	果物・野菜（vegetable，potato，cabbage，corn，cherry），飲食物（sausage） ［既出］What's this? It's (a fruit). Do you have (a pen)？Do you like (blue)？Yes, I do. / No, I don't. I［have / don't have］(a pen). 果物・野菜，飲食物，数（１～60）

単元を通した準備物

・教師用カード（野菜・果物・国旗）　　・デジタル教材
・ワークシート（Unit７－１，２，３，４）
・Ｂ５版用紙（各児童１枚：パフェ・ピザ台紙）

単元計画

	目標	活動（・）と評価の観点（★）
第1時	食材の言い方や，欲しいものを尋ねたり要求したりする表現に慣れ親しむ。	・チャンツ Alphabet Chant　p. 23 ・クイズ　これは何？ ・【Let's Watch and Think】　p. 27 ・【Activity 1】　p. 28 ・【Let's Chant】What do you want?　p. 27 ・歌　Goodbye Song（『Let's Try! 1』　p. 8） ※目標に向かって指導を行うが，評価の記録は次時と合わせて行う。
第2時	欲しいものを尋ねたり要求したりする表現に慣れ親しむ。	・【Let's Chant】What do you want?　p. 27 ・【Activity 1】　p. 28 ★欲しいものを尋ねたり要求したりしている（知・技） ・【Let's Listen 1】　p. 28 ・歌　Goodbye Song（『Let's Try! 1』　p. 8）
第3時	フルーツパフェについて紹介したり，欲しいものを尋ねたり要求したりして伝え合う。	・【Let's Chant】What do you want?　p. 27 ・【Activity 1】　p. 28 ★フルーツパフェについて伝え合っている（思・判・表） ★欲しいものを尋ねたり要求したりして伝え合っている（思・判・表） ・歌　Goodbye Song（『Let's Try! 1』　p. 8）
第4時	食材について欲しいものを尋ねたり答えたりして伝え合う。	・【Let's Chant】What do you want?　p. 27 ・【Let's Listen 2】　p. 29 ・【Activity 2】　p. 29 ★食材について欲しいものを尋ねたり答えたりして伝え合っている（知・技） ・歌　Goodbye Song（『Let's Try! 1』　p. 8）
第5時	相手に配慮しながら，自分のオリジナルピザを紹介しようとする。	・【Let's Chant】What do you want?　p. 27 ・【Activity 2】　p. 29 ★相手に配慮しながら，自分のオリジナルピザを紹介している（主） ・歌　Goodbye Song（『Let's Try! 1』　p. 8）

Unit7 What do you want?

ほしいものは何かな？

第1/5時

児童に慣れ親しませたい英語　野菜（onions, mushrooms 等），果物（melons, peaches 等）

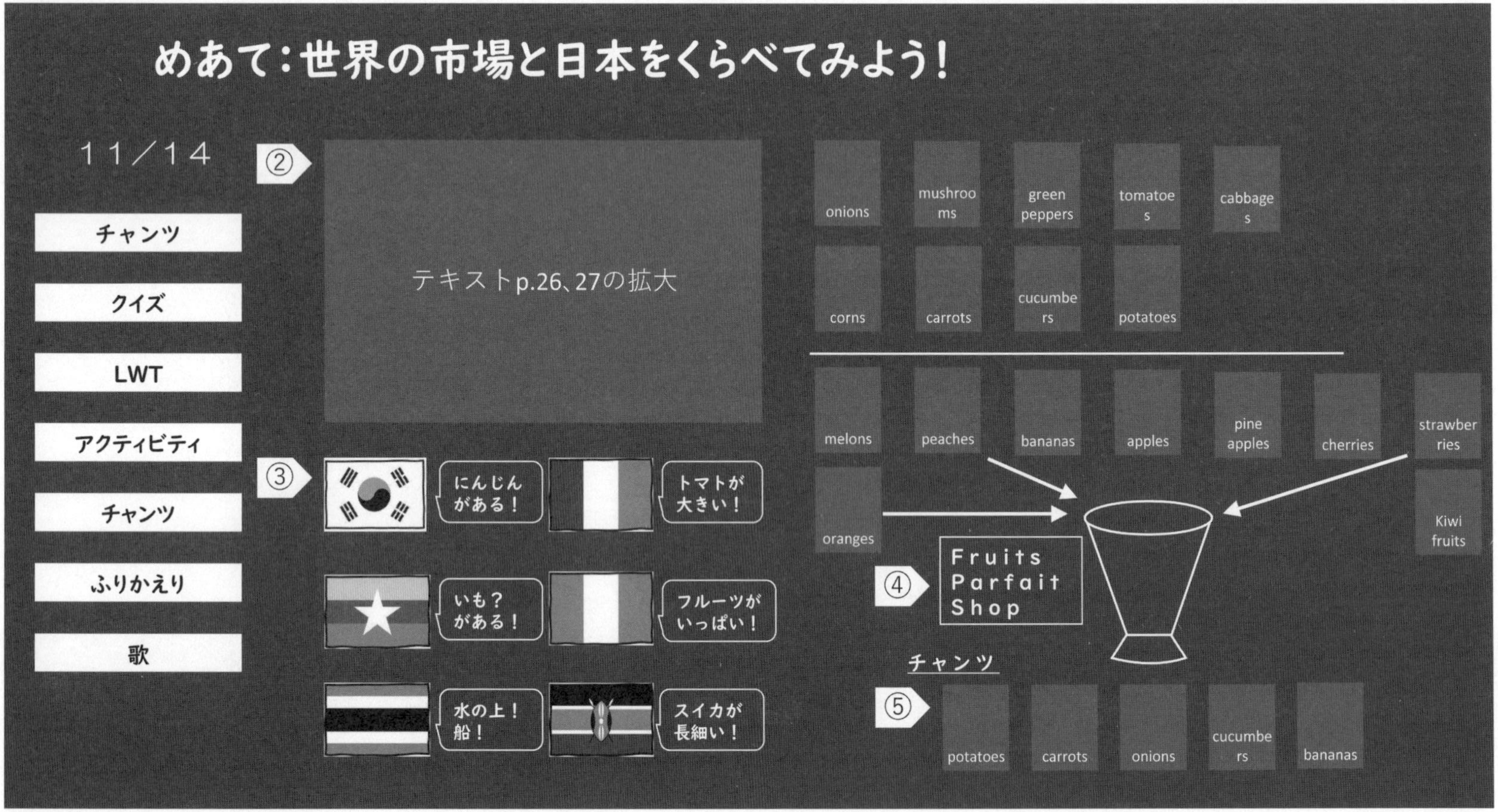
めあて：世界の市場と日本をくらべてみよう！
11／14
チャンツ
クイズ
LWT
アクティビティ
チャンツ
ふりかえり
歌
②
テキストp.26、27の拡大
③
にんじんがある！
トマトが大きい！
いも？がある！
フルーツがいっぱい！
水の上！船！
スイカが長細い！
onions
mushrooms
green peppers
tomatoes
cabbages
corns
carrots
cucumbers
potatoes
melons
peaches
bananas
apples
pine apples
cherries
strawberries
oranges
Kiwi fruits
④
Fruits Parfait Shop
チャンツ
⑤
potatoes
carrots
onions
cucumbers
bananas

野菜・果物カードはデジタル教材で作成

本時の内容（・）とポイント（★）

❶チャンツ Alphabet Chant p.23
・チャンツを歌わせる
❷**クイズ　これは何？**
・クイズに答えさせる。
★テキスト p.26，27の中から，知っている食材をできるだけ英語で発表させます。日本語のつぶやきは英語に変えながら，絵カード（野菜・果物）で言い方を確認します。
★児童の実態に応じて，テキストでアルファベット探しをしたUnit6の経験をもとに，アルファベットの名称や看板の読み方等を考えさせる活動を行うこともできます。（例：P-I-Z-Z-A → PIZZA）

❸【Let's Watch and Think】p.27
・【LWT】を視聴させる。
★世界の市場の様子を動画で通して見せます。どう感じたかを児童から引き出し，「日本のスーパー等と比べて食材は同じだったか違ったか」と問い，課題意識をもたせるようにします。 Ⓐ
★２回目の視聴では，感想や食材についての考え等を，国ごとに言わせるようにします。
★お店屋さんごっこの動画も視聴させ，実際のやり取りの場面をイメージできるようにします。

❹【Activity 1】p.28
・ゲームに取り組ませる。
★絵カードを掲示しながら果物の言い方を児童と確認します。その後にパフェの容器の絵を描き，横に「Fruits Parfait Shop」と書きます。
★代表児童を店員役にして，デモンストレーションを行います。
教師「I want apples, please.」
児童「Here you are.」
教師「Thank you.(パフェにする)」
★次にデジタル教材を使用し，教師が店員となり，「What do you want?」と尋ね，答えたものをパフェにします。途中から，周りの児童にも一緒に尋ねさせ，パフェを完成させます。

❺【Let's Chant】What do you want? p.27
・チャンツを歌わせる。
★１回目は，「どんな食材が出てくるか聞いてみよう」と投げかけ，何をするかを焦点化して，最後の「Nice salad.」の手前まで聞かせます。 Ⓐ
★どんな食材が出てきたかを確認した後，再度聞かせ，食材の部分は歌わせるようにします。「Nice salad.」の手前で再度止め，何ができあがるかを考えさせます。
❻**ふりかえり（下記参照）**
❼歌 Goodbye Song（『LT!1』p.8）
・歌を歌わせる。

ふりかえり

今日は世界の市場の様子を見ました！　雰囲気や売っているものが違ったね。でも，日本のスーパーでも最近は色々な食材を売っているよ。何があって，どこの国から来ているか見てみるとおもしろいかもね！

世界の市場と近所のスーパーを比べてみる！　同じ物が売ってるかも！

Unit7

What do you want?

ほしいものは何かな？

第2/5時

児童に慣れ親しませたい英語 I want (potatoes). What do you want?

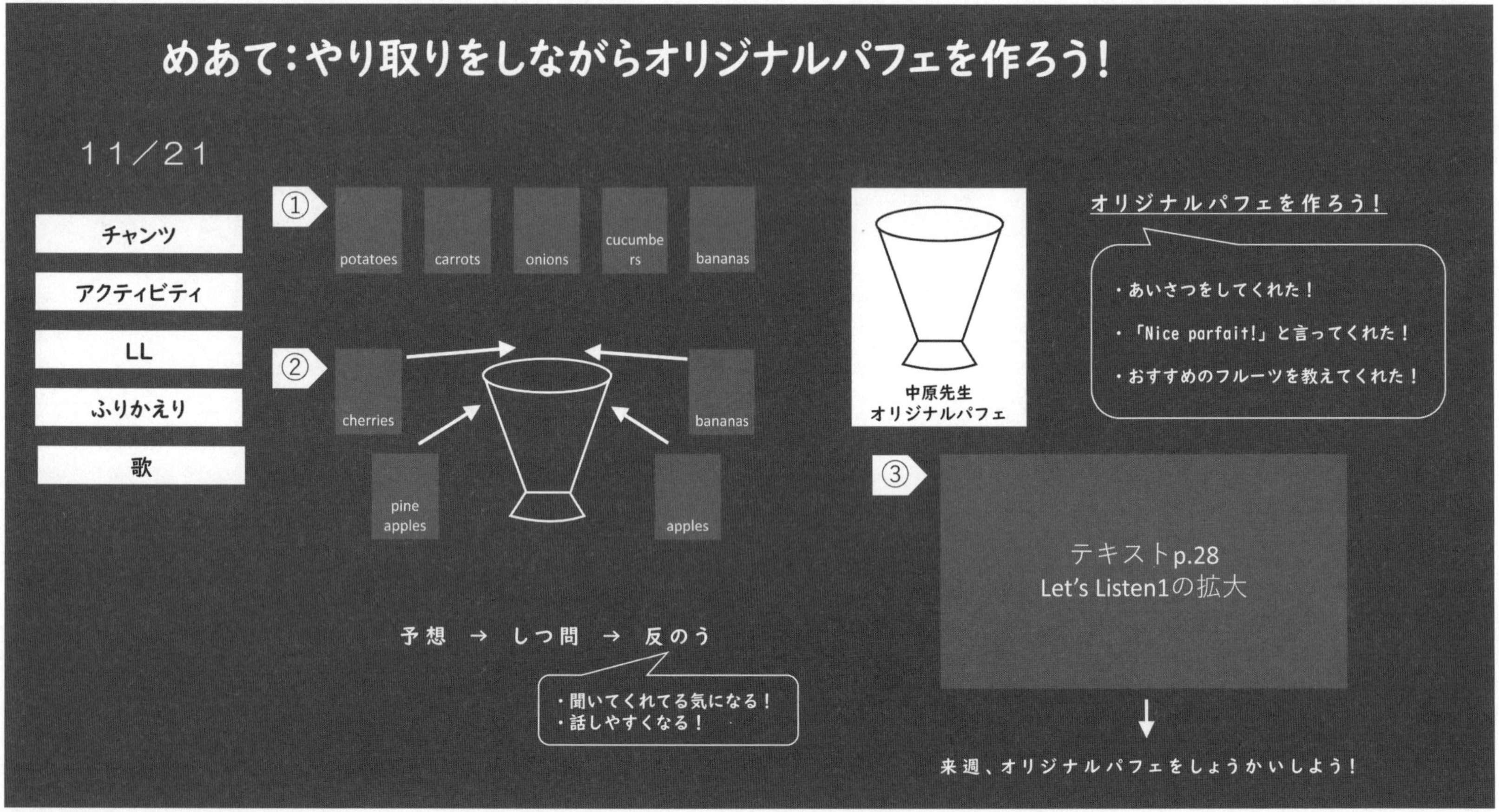

野菜・果物カードはデジタル教材で作成

本時の内容（・）とポイント（★）

❶【Let's Chant】What do you want? p.27

・チャンツを歌わせる。

★まず，チャンツに出てくる野菜と果物について，絵カードを示しながら英語での言い方を確認します。

★その際，積極的に発話させるために，onions を見せながら，わざと「bananas?」と尋ねるようにします。

★１回目は「I want (potatoes).」の部分を歌わせ，２回目は教師が尋ねるセリフを強調して歌い，やり取りの場面に近付けます。

❷【Activity１】p.28

・パフェ作りに取り組ませる。

★まず，パフェの容器の絵を描き，「What do you want?」と尋ねます。児童のつぶやきで出た果物を英語にしながら，カードを黒板に貼って言い方を確認します。その際，その果物が好きかどうか「Do you like ～？」を使ってやり取りを行います。その流れで，隣の人がその果物を好きかどうかを予想させてから，「Do you like ～？」と尋ね合わせます。相手の答えに対して反応する表現（例：Me, too! Wow! 等）の良さを全体で確認します。

★デジタル教材を使用しながら，児童に「What do you want?」と尋ねさせ，教師オリジナルのパフェを完成させて紹介します。

★パフェの台紙と，ワークシート１，２を切った果物カードを全員に配付します。

★ペアになり，お店屋さんごっこの要領で，やり取りをしながらカードを集め，台紙にフルーツパフェを作らせます。その際，「What do you want?」「How many?」以外の言葉を使っている児童を称賛し，場面の中で主体的にやり取りしていくことを促します。

❸【Let's Listen１】p.28

・【LL】に取り組ませる。

★まず，３人の名前を確認します。次に，エミリーが紹介するパフェの果物を聞き取ることを投げかけます。「What did you catch?」とやり取りを行って確認し，４つのパフェのうち１つと線を結ばせます。

★同様に，Sayo と Takeru も行います。答え合わせは，教師が２人になりきってパフェ紹介を行い，次時に行うアクティビティのモデルになるようにします。

❹ふりかえり（下記参照）

❺歌 Goodbye Song（『LT!１』p.８）

・歌を歌わせる。

ふりかえり

今日はオリジナルパフェを作るために，お店屋さんとお客さんに分かれて果物を集めました。ただのやり取りだけじゃなくて，「How are you?」「I'm hungry.」なんていうやり取りがあって，本当のお店のような気がしました！

自分が好きな果物いっぱいのパフェができた！　紹介してみたい！

Unit7

What do you want?

ほしいものは何かな？

第3/5時

★児童に慣れ親しませたい英語 What do you want? I want (potatoes). I have (7 strawberries).

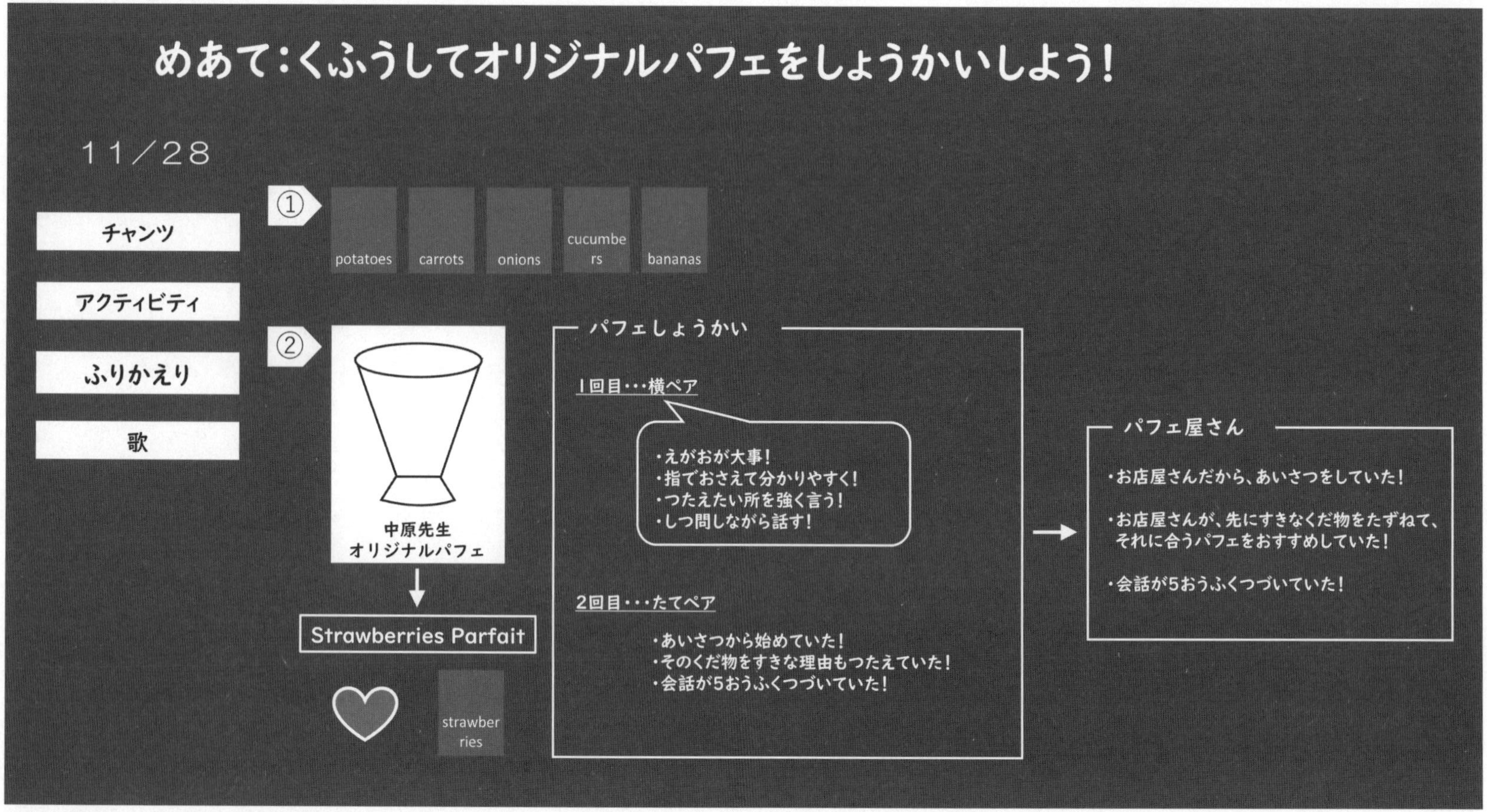

野菜・果物カードはデジタル教材で作成

本時の内容（・）とポイント（★）

❶【Let's Chant】What do you want? p.27

・チャンツを歌わせる。

★まず，チャンツに出てくる野菜と果物について，絵カードを示しながら英語での言い方を確認します。

★その際，積極的に発話させるために，onions を見せながら，わざと「bananas?」と尋ねるようにします。

★１回目は「I want (potatoes).」の部分を歌わせ，２回目はクラスを２つに分けて，やり取りをイメージさせて歌わせます。

❷【Activity１】p.28

・最初はパフェ紹介，次にパフェ屋さんごっこに取り組ませる。

〈パフェ紹介〉

★まず，教師が前時に紹介したオリジナルパフェを再度見せて，パフェ紹介を行い，最後に自分で考えた名前も紹介します。

〈パフェ紹介の例〉

This is my parfait. I have 2 apples, 7 strawberries, and ice cream. I like strawberries very much. This is "Strawberries Parfait".

★次に，児童にも自分のオリジナルパフェの名前を考えさせます。

★最初はペアで発表を行わせ，良さを認め合ったり，強調ややり取りについて，アドバイスをし合ったりさせます。

★次にペアを替え，発表の工夫をしたり，相手の発表に反応したりしている児童を称賛します。

〈パフェ屋さんごっこ〉

★グループごとにメンバー全員のパフェを机上に並べ，店員役と客役に分かれさせます。客役は，他のグループの机に行き，やり取りをしながら欲しいパフェを伝えます。

〈やり取りの例〉

A「What do you want?」

B「I want No.2 parfait.」

A「OK. Here you are. Do you like strawberries?」

B「Yes！ I like strawberries!」

★やり取りが３往復以上続くように，挨拶や自分の果物の好みを尋ね合っている児童を称賛し，全体に広げるようにします。

❸ふりかえり（下記参照）

❹歌 Goodbye Song（『LT!1』p.8）

・歌を歌わせる。

ふりかえり

今日は自分で作ったオリジナルパフェの紹介をしました。発表が上手になった人が増えてきたね！　伝えたい部分を強く言ったり，相手に質問しながら発表したりしていてすごい！　友達からのアドバイスを生かしているね！

友だちのアドバイスのおかげで，すごく工夫した発表ができるようになった！

Unit7 What do you want?

ほしいものは何かな？

第4/5時

児童に慣れ親しませたい英語 What do you want? I want (potatoes). I have (7 strawberries).

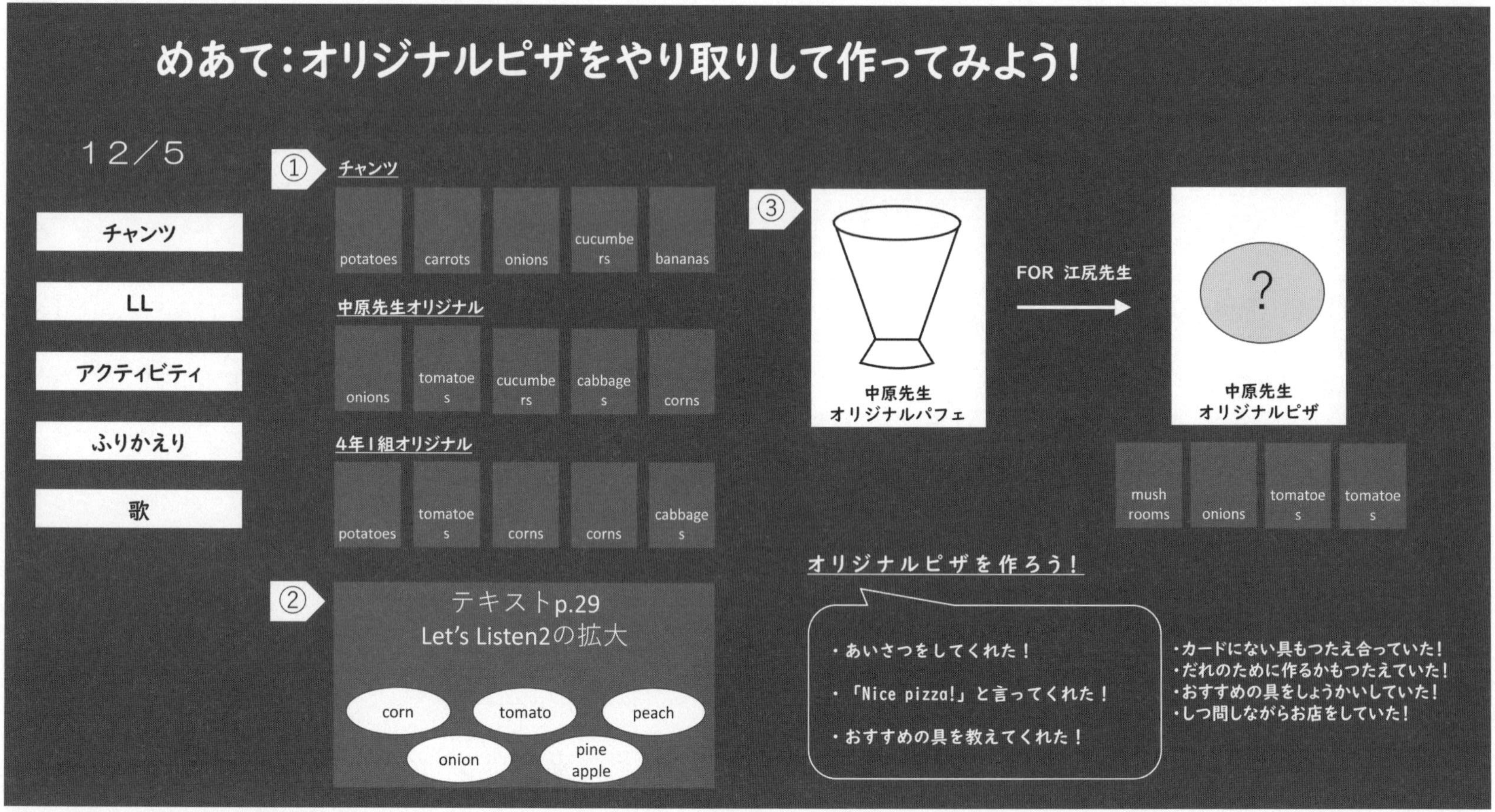

野菜・果物カードはデジタル教材で作成

本時の内容（・）とポイント（★）

❶【Let's Chant】What do you want? p.27

・チャンツを歌わせる。

★まず，一度歌わせます。

★次に，「What is your favorite salad?」と尋ね，教師がオリジナルサラダを紹介し，替え歌にして歌います。その後，何人かに「What do you want?」と尋ね，なぜその食材が良いかのやり取りを行います。周りの児童には反応を求めます。

★児童が言った食材名でクラスオリジナルのサラダを作り，それを替え歌として歌わせます。

❷【Let's Listen2】p.29

・【LL】に取り組ませる。

★まず，p.29上部のイラストを見せ，何の缶詰かを児童に考えさせます。その後，どの文字表記と結べばいいかを予想させ，何を聞くかの見通しをもたせます。

★一度聞かせた後，「What did you catch?」と尋ね，アルファベットの名称と食材名を児童から引き出します。そのうえで再度聞かせ，線を結んで答えを確認します。答えを確認する際，「This is トマト」とあえてカタカナで言うことで，英語の音に気付かせることもできます。

❸【Activity2】p.29

・オリジナルピザを作らせる。

★まず，前時に作ったオリジナルパフェを紹介し，「江尻先生にあげようとしたら，甘いものよりもピザがうれしい」と言われたという場面設定を行い，オリジナルピザ作りに目的をもたせます。

★ピザに使う野菜カードを児童と確認しながら黒板に提示します。

★代表児童が店員役，教師が客役になり，やり取りをしながらピザを作ります。

（例：What do you want? I want tomatoes. How many?）

★ワークシート3，4を使用して店の準備をさせた後，児童を店員と客の2グループに分け，「誰のために作るか」を確認した後，活動を始めます。

★中間評価の際，ペアの人の良かった所を児童から引き出すとともに，オリジナルピザを作るために，色々な表現を使って欲しいものを伝えたり答えたりしている児童を称賛します。

❹ふりかえり（下記参照）

❺歌 Goodbye Song（『LT!1』p.8）

・歌を歌わせる。

ふりかえり

今日はオリジナルピザを作りました。誰のために作りましたか？ その人が好きな食材をたくさん入れて，喜んでもらえるようにしていたね。自分が知っている英語を使って，一生懸命伝えようとしている人が多くて良かったです！

お父さんが喜ぶピザを作るために，お気に入りの具をたくさん手に入れました！

Unit7

What do you want?

ほしいものは何かな？

第5/5時

児童に慣れ親しませたい英語　反応表現(Nice pizza! 等)　I have (potatoes). Do you like(potatoes)?

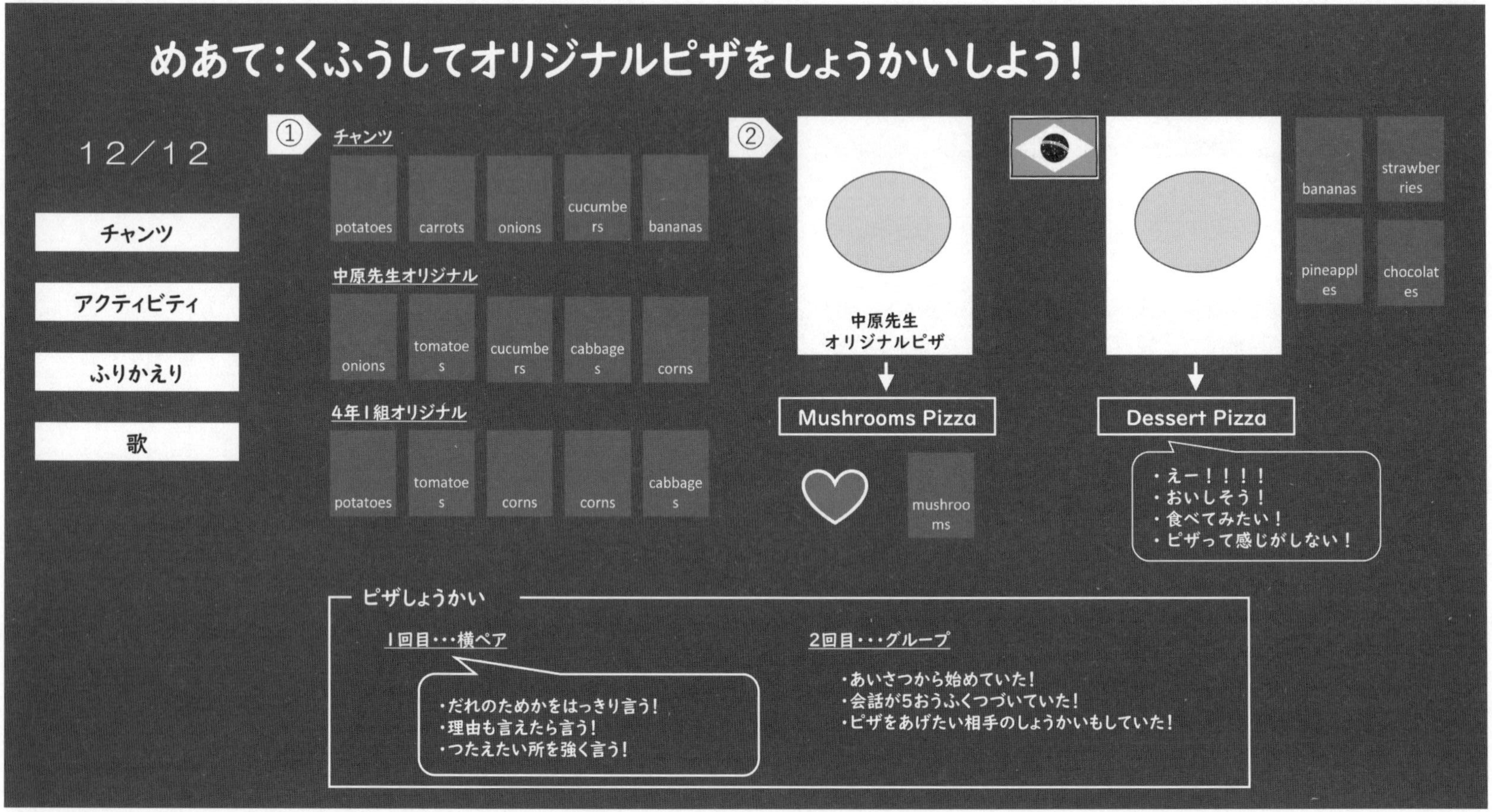
めあて：くふうしてオリジナルピザをしょうかいしよう！
12／12
チャンツ
アクティビティ
ふりかえり
歌
① チャンツ
potatoes
carrots
onions
cucumbers
bananas
中原先生オリジナル
onions
tomatoes
cucumbers
cabbages
corns
4年1組オリジナル
potatoes
tomatoes
corns
corns
cabbages
②
中原先生
オリジナルピザ
Mushrooms Pizza
mushrooms
bananas
strawberries
pineapples
chocolates
Dessert Pizza
・えー！！！！
・おいしそう！
・食べてみたい！
・ピザって感じがしない！
ピザしょうかい
1回目･･･横ペア
・だれのためかをはっきり言う！
・理由も言えたら言う！
・つたえたい所を強く言う！
2回目･･･グループ
・あいさつから始めていた！
・会話が5おうふくつづいていた！
・ピザをあげたい相手のしょうかいもしていた！

野菜・果物カードはデジタル教材で作成

本時の内容（・）とポイント（★）

❶【Let's Chant】What do you want? p.27

・チャンツを歌わせる。

★前時と同様に行います。

★一度，普通に歌わせた後，教師のオリジナルサラダを紹介し，替え歌にして歌います。その後，何人かに「What do you want?」と尋ね，なぜその食材が良いかのやり取りを行います。周りの児童には反応を求めます。

★児童が言った食材名でクラスオリジナルのサラダを作り，それを替え歌として歌わせます。

❷【Activity2】p.29

・オリジナルピザを紹介させる。

★まず，前時に作成した教師のオリジナルピザを再度紹介し，それに名前をつけます。

★この後，国際理解の視点から，他の国の甘いピザ（例：ブラジル）を紹介することもできます。甘いピザを紹介すると児童が色々な反応をすることが予想されます。適宜，その反応を英語表現にしていくことで，次のやり取りの活動が充実することにつながります。

★ピザをあげる相手のことを考え，喜ぶ名前をつけさせます。

★最初はペアで発表を行わせ，良さを認め合ったり，強調ややり取りについて，アドバイスをし合ったりさせます。

★次にグループで行い，発表の工夫をしたり，相手の発表に反応したりする児童を称賛します。

★グループの中から代表児童を選び，全員の前で発表させます。周りの児童は感想を伝えます。

❸ふりかえり

・単元全体をふりかえらせる。

★❷の活動において，オリジナルピザをあげる相手のことを考え，食材を選んで名前をつけていた例を取り上げ，相手意識が育っていることを伝えます。

★❷の活動において，必要な食材がない場合等を英語で伝え合ってやり取りしていたペアを称賛し，主体的に考える力が育っていることを伝えます。

❹歌 Goodbye Song(『LT!1』p.8)

・歌を歌わせる。

ふりかえり

今日で，「ほしいものは何かな？」の学習は終わりです。自分が欲しいものについて，相手と英語でやり取りできたかな？　パフェやピザを誰かのために作る時に，相手のことを考えて伝え合っていたのがうれしかったです！

喜んでもらえるパフェを作るために，英語を一生懸命使いました！

Unit8 This is my favorite place.

お気に入りの場所をしょうかいしよう［4時間］

目標

・世界と日本の学校生活の共通点や相違点を通して，多様な考え方があることに気付くとともに，教科名や教室名の言い方や道案内の仕方に慣れ親しむ。(知識・技能)
・自分が気に入っている校内の場所に案内したり，その場所について伝え合ったりする。(思考・判断・表現)
・相手に配慮しながら，自分が気に入っている場所について伝え合おうとする。(主体的に学習に取り組む態度)

中心となる言語活動と単元の見通し

中心となる言語活動　**友だちと好きな場所をしょうかいし合う。**

本単元では，学校内の自分の好きな場所を紹介するという言語活動を行います。主な語彙は，教室名と道案内の指示です。教室名は耳にしたことがある英語（例：Music）も多いですが，長くて難しいものもいくつかあるため，実態に応じて示す教室名を絞ることも考えられます。また，テキスト上の道案内は「Turn right」なのに下に向かうこともあり，児童が戸惑うことも考えられます。それをサポートする教具の準備や手立てを行いましょう。

主な語彙・表現

表現例	Go straight. Turn [right / left]. Stop. This is (the music room). This is my favorite place. Why? I like (music).
新出語彙	favorite, place, my, our, go, why, straight, 学校・教室等 (classroom, restroom, [science / music / arts and crafts / computer / cooking] room, [school nurse's / school principal's / teachers'] office, entrance, library, gym, playground)

単元を通した準備物

・絵カード（教室・日本国旗）　・デジタル教材　・校内の物や教室の写真
・拡大した校舎の見取り図

単元計画

	目標	活動（・）と評価の観点（★）
第1時	教科名や教室名の言い方，道案内の仕方に慣れ親しむ。	・チャンツ　What do you want?　p. 27 ・クイズ　どの教室かな？ ・道案内チャレンジ ・【Let's Chant】School Chant　p. 32 ・歌　Goodbye Song（『Let's Try! 1』　p. 8） ※目標に向かって指導を行うが，評価の記録は次時と合わせて行う。
第2時	教科名や教室名の言い方，道案内の仕方に慣れ親しむ。	・【Let's Chant】School Chant　p. 32 ・【Let's Play 1】　p. 31 ★教科名や教室名の言い方，道案内の仕方を聞いている（知・技） ・【Let's Listen 1】　p. 30 ・【Let's Play 2】　p. 33 ・【Let's Watch and Think 1】　p. 31 ★道案内を聞いて分かっている（知・技） ・歌　Goodbye Song（『Let's Try! 1』　p. 8）
第3時	世界と日本の学校生活の共通点や相違点を通して，多様な考え方があることに気付くとともに，自分が気に入っている校内の場所に案内したり，その場所について伝え合ったりする。	・【Let's Chant】School Chant　p. 32 ・【Let's Watch and Think 2】　p. 32 ★多様な考え方があることに気付いている（知・技） ・【Activity】　p. 33 ★自分が気に入っている校内の場所に案内したり，その場所について伝え合ったりしている（思・判・表） ・歌　Goodbye Song（『Let's Try! 1』　p. 8）
第4時	相手に配慮しながら，自分が気に入っている場所について伝え合ったり，紹介したりしようとする。	・【Let's Chant】School Chant　p. 32 ・【Activity】　p. 33 ★相手に配慮しながら，自分が気に入っている場所について伝え合っている（主） ・【Let's Listen 2】　p. 32　→　（お気に入りの場所紹介） ★お気に入りの場所を聞いたり話したりしている（知・技） ★相手に配慮しながら，自分が気に入っている場所を紹介したり，聞いたりしている（主） ・歌　Goodbye Song（『Let's Try! 1』　p. 8）

Unit8 This is my favorite place.

お気に入りの場所をしょうかいしよう

第1/4時

★児童に慣れ親しませたい英語　教室名(music room, computer room, gym, science room, library 等)

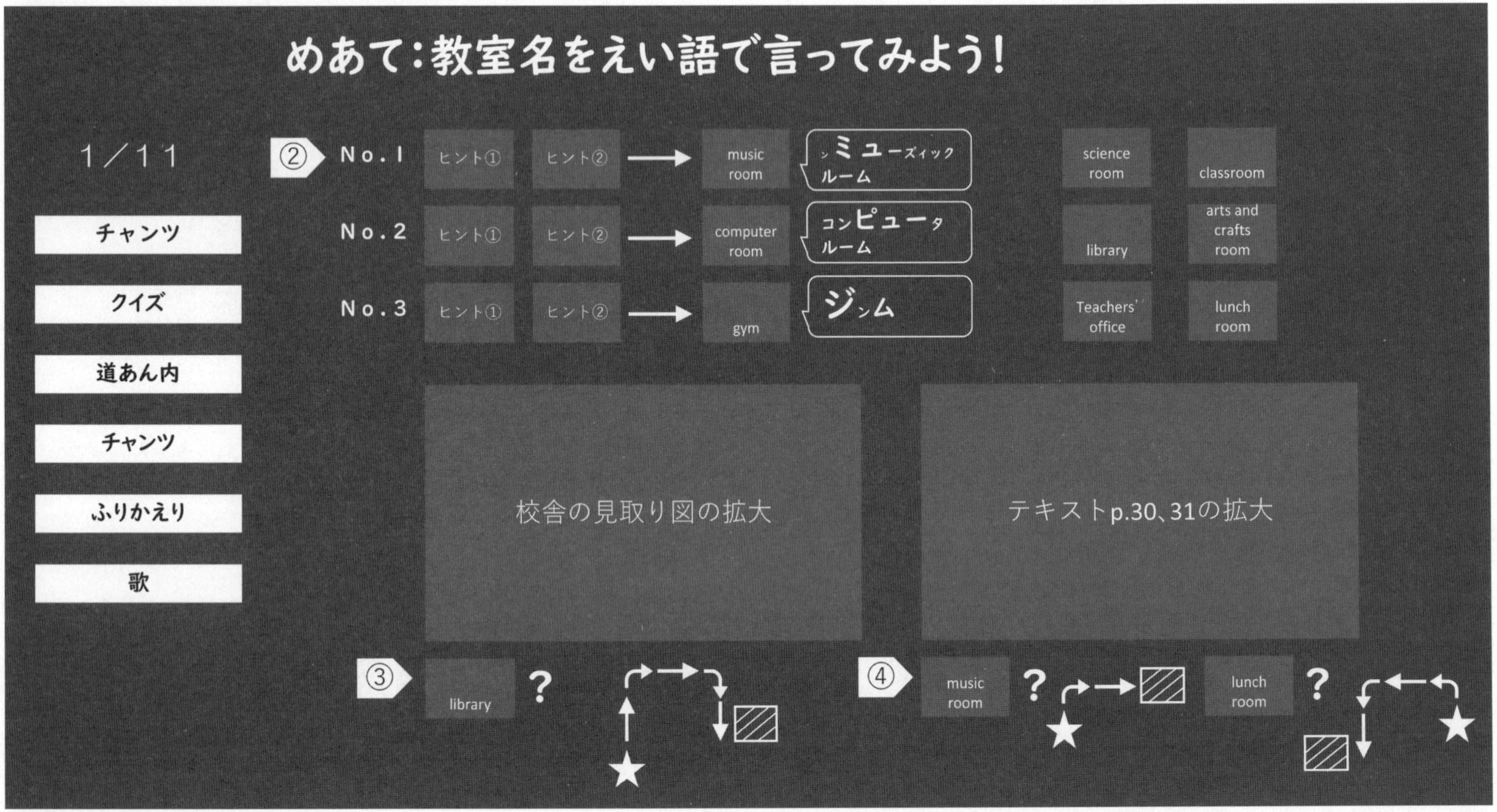

教室名等のカードはデジタル教材で作成

本時の内容（・）とポイント（★）

❶チャンツ　What do you want? p.27

・チャンツを歌わせる。

★1回目は，児童が尋ねる側，教師が答える側になり，歌詞に意味をもたせて歌わせます。2回目は役割を替え，場面を意識させることで，主体的に歌わせます。

❷クイズ　どの教室かな？

・クイズに答えさせる。

★事前に，教室の全体や一部，教室の中にある物等の写真を撮り，クイズの準備をしておきます（デジタル教材「教材どうぐばこ」の画像読み込み機能が使用できます）。

★写真を黒板に掲示したり，大画面に映したりして，「What's this?」「What room?」と問いかけます。児童の日本語でのつぶやきを英語にして音声の違いに気付かせるとともに，「Music room?」「Library?」と教師からも働きかけることで，英語での教室名を何度も聞かせるようにします。

★答えを確認する際には，英語での教室名を紹介しながら，絵カード（教室）を黒板に貼ります。

★問題は簡単なものから3問程度出し，扱う教室数は児童の実態に合わせて多くし過ぎないようにします。

❸道案内チャレンジ

・道案内に取り組ませる。

★拡大した校舎内の見取り図を黒板に提示します。

★❷の活動で黒板に提示した絵カード(教室)を1つ選び，「Where is the (library)?」と尋ね，場所を確認します。次に，今いる教室から「Turn right. Go straight.」と言いながら，校舎内の見取り図を使って案内をします。

★いくつか案内する中で，教師が小さな声で言ったり一息遅れて言ったりして，児童が主体的に言えるように促します。

❹【Let's Chant】School Chant p.32

・チャンツを歌わせる。

★まず通して聞かせ，「What did you catch?」と聞こえた音を言わせます。次に，テキストp.30，31を使って，エントランスから音楽室，エントランスからランチルームへの道案内の仕方を児童とともに考えます。その後に歌わせることで，場面を考えながら取り組ませることができます。

❺ふりかえり（下記参照）

❻歌 Goodbye Song(『LT! 1』 p.8)

・歌を歌わせる。

ふりかえり

今日は英語で教室名を言い，案内をしました！　教室名はカタカナのものもあるけど，英語だと音声が少し違うことに気付いている人がいたね！　道案内は地図でやってみるのもいいけど，ALTの先生を本当に案内できるといいよね。

コンピュータルームの英語での言い方は，強く言う所があっておもしろかったです！

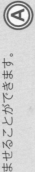

Unit 8

This is my favorite place.

お気に入りの場所をしょうかいしよう

第2/4時

児童に慣れ親しませたい英語　This is the (school nurse's office). Go straight. Turn right／left.

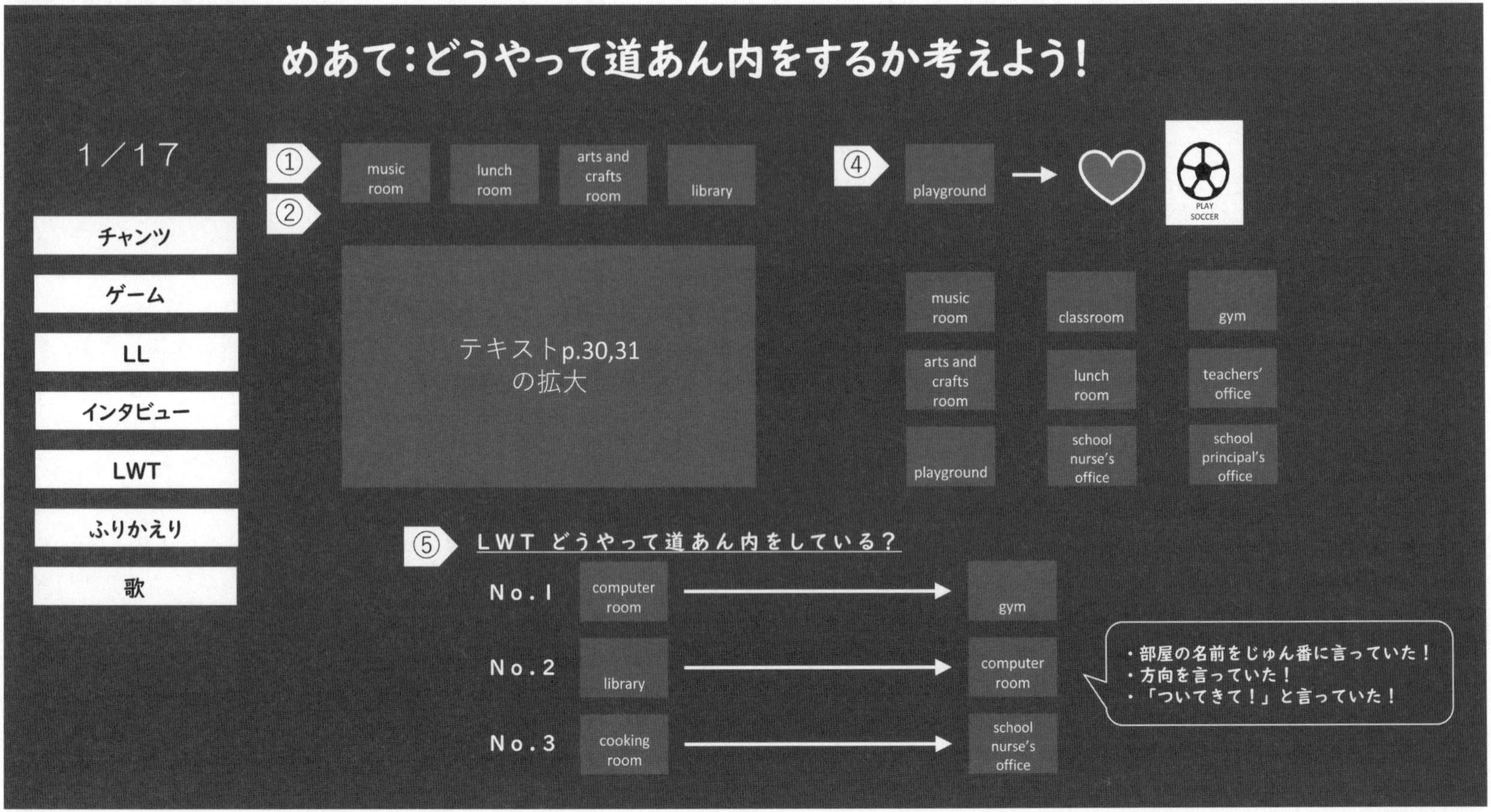

教室名等のカードはデジタル教材で作成

本時の内容（・）とポイント（★）

❶【Let's Chant】School Chant p.32

・チャンツを歌わせる。

★前時と同様，案内の仕方を確認した後に歌わせることで主体的な取組になります。

❷【Let's Play 1】p.31

・ポインティング・ゲームに取り組ませる。

★教室名の言い方を確認しながら絵カードを黒板に掲示し，同時にテキストの教室を押さえさせます。

★出発点からの英語での道案内を，反応しながら聞き，教室名を答えている児童を称賛します。

❸【Let's Listen 1】p.30

・【LL】に取り組ませる。

★話者のお気に入りの教室がどこか答える活動であることを伝え，そのために場所や道案内の英語を聞くという目的をもたせます。

★まず，デジタル教材の「質問」を聞かせ，「What did you catch?」と尋ねて聞き取ったことを発表させ，どの教室かを予想させます。次に，「解答１音」を聞かせ，聞こえた英語を同じように言わせた後に，「The favorite room is classroom?」とやり取りを行い，解答を確認します。

★同様の活動を No.3まで行い，道案内の英語に慣れ親しませます。

❹【Let's Play 2】p.33

・【LP】（インタビュー）に取り組ませる。

★まず，教師が自分のお気に入りの場所を２文で紹介します。（例：I like playground. I like soccer.）

★お気に入りの場所を紹介した後，「Do you like playground?」と尋ね，やり取りを行い，児童同士のやり取りのモデルを示します。

★テキスト p.33の場所の言い方を確認し，１か所お気に入りを決めさせた後，活動を始めます。

★やり取りの中で，相手のお気に入りの場所を予想してから尋ねるように指示を出し，相手意識をもたせます。

❺【Let's Watch and Think 1】p.31

・LWT に取り組ませる。

★どのように道案内をしているかを考えながら聞くという目的意識をもたせます。

★お気に入りの場所と，今いる場所を聞いた後，「あなたならどのように道案内しますか？」と尋ね，見通しをもたせてから続きを聞かせることで，発表する意欲やその内容を称賛します。

❻ふりかえり（下記参照）

❼歌 Goodbye Song（『LT! 1』p.8）

・歌を歌わせる。

ふりかえり

今日は相手のお気に入りの教室を尋ねたり，色々な道案内を聞いたり言ったりしてみました。案内の仕方は，日本語でもそうだけど，さまざまな方法があるよね。どのようにすれば相手により良く伝わるかを考えられるといいね！

自分が思っていた道案内の仕方以外の方法を知ったのが今日の発見でした！

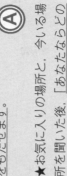

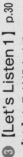

Unit8 This is my favorite place.

お気に入りの場所をしょうかいしよう

第3/4時

児童に慣れ親しませたい英語　Go straight. Turn right／left.　教室名（music room, computer room 等）

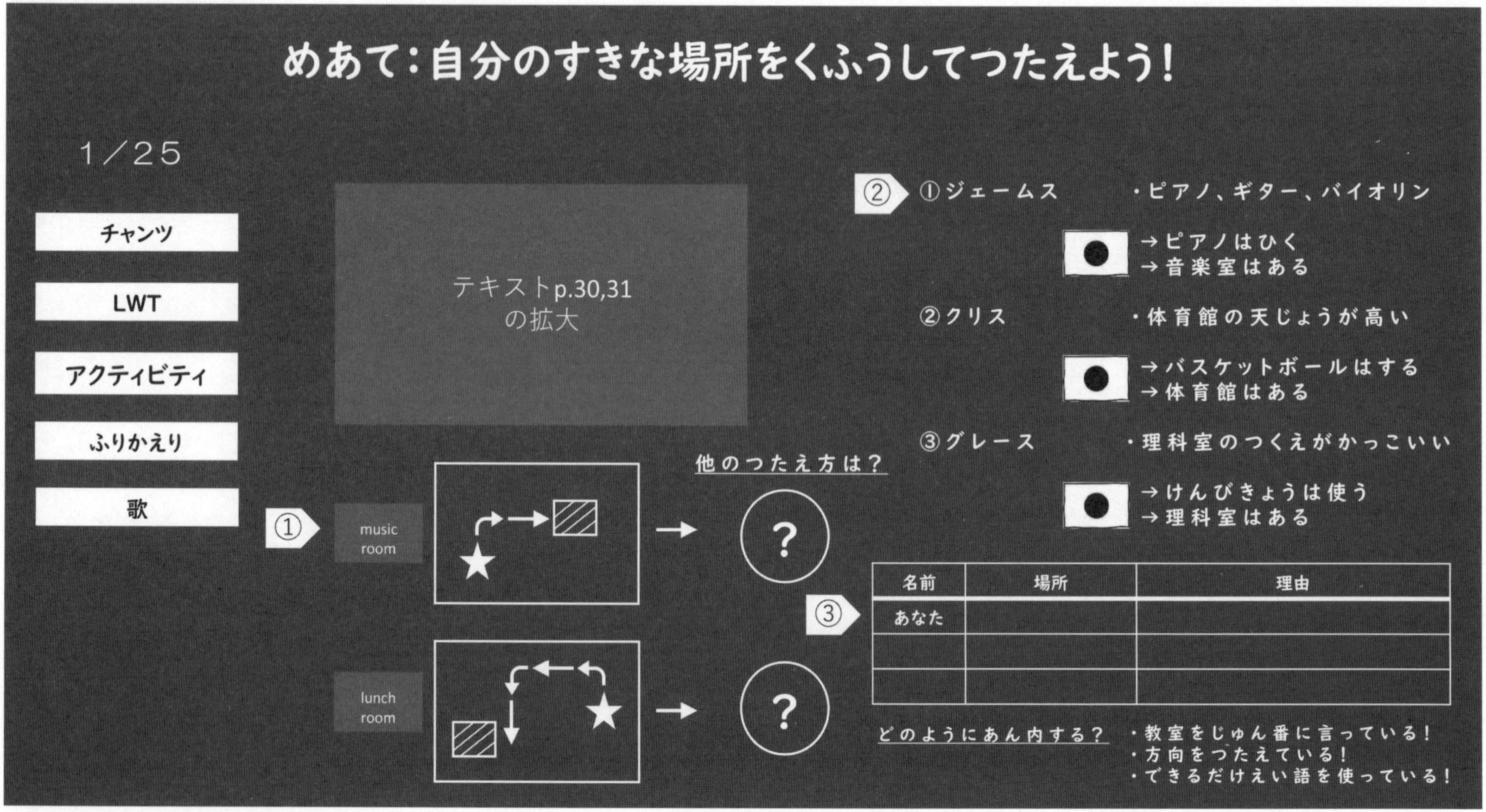

教室名等のカードはデジタル教材で作成

本時の内容（・）とポイント（★）

❶【Let's Chant】School Chant p.32
・チャンツを歌わせる。
★前時と同様，案内の仕方を確認した後に歌わせることで主体的な取組になります。
★その後，道案内はさまざまな方法があるということを想起させ，「music room」と「lunch room」への案内にはチャンツの歌詞以外にどのようなものがあるかをペアで考えさせます。できるだけ英語で指示が出せるようにアイデアを出し合わせるようにします。

❷【Let's Watch and Think 2】p.32
・【LWT】に取り組ませる。
★まず，名前を聞き取らせるために途中まで視聴させます。その後，学校の特徴を聞き取らせ，テキストに書かせたうえで発表させます。その内容について，「Do you play the violin?」とやり取りを行います。
★日本との違いだけではなく，バスケットボールをすることや，顕微鏡を使うことなど，同じ部分もたくさんあることに目を向けさせながら，多様な考えに気付いて発表している児童を称賛します。

❸【Activity】p.33
・好きな場所を伝え合わせる。
★指導案及び指導書には３つの活動例（クイズ形式１，クイズ形式２，インタビュー形式）が示されています。児童の実態に応じて選択します。本時までに色々な道案内の仕方を考えさせていますので，ここではクイズ形式１の例を紹介します。
〈クイズ形式１〉
★まず，テキストに好きな場所と理由を記入させ，校舎の見取り図を使って，教室からその場所までどのように案内するかを考えさせます。
★ペアになり，教室から自分の好きな場所までを，道案内をしながら伝え合わせます。その際，教室名を順に言ったり，方向を指示したり，今までに聞いたり言ったりした英語を使っている児童を称賛するとともに，他に工夫して伝えている例を取り上げて全体に広げます。
★全体で良い案内の仕方を確認した後，再度ペアで案内を行わせ，より良くなるようにお互いにアドバイスをさせます。

❹ふりかえり（下記参照）
❺歌 Goodbye Song（『LT! 1』p.8）
・歌を歌わせる。

ふりかえり

今日は世界の学校を見たり，お気に入りの場所を伝え合ったりしました。世界と日本の学校を比べると，違う部分も同じ部分もあったね。案内の仕方にも違いがありました。大事なのは違いがあるかないかではなく，それを認め合うことだね！

他の国の学校も楽しそうだった！　一度，案内してほしいと思いました！

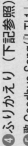

Unit8

This is my favorite place.

お気に入りの場所をしょうかいしよう

第4/4時

児童に慣れ親しませたい英語 I'm (名前). I like (books). The (library) is my favorite place.

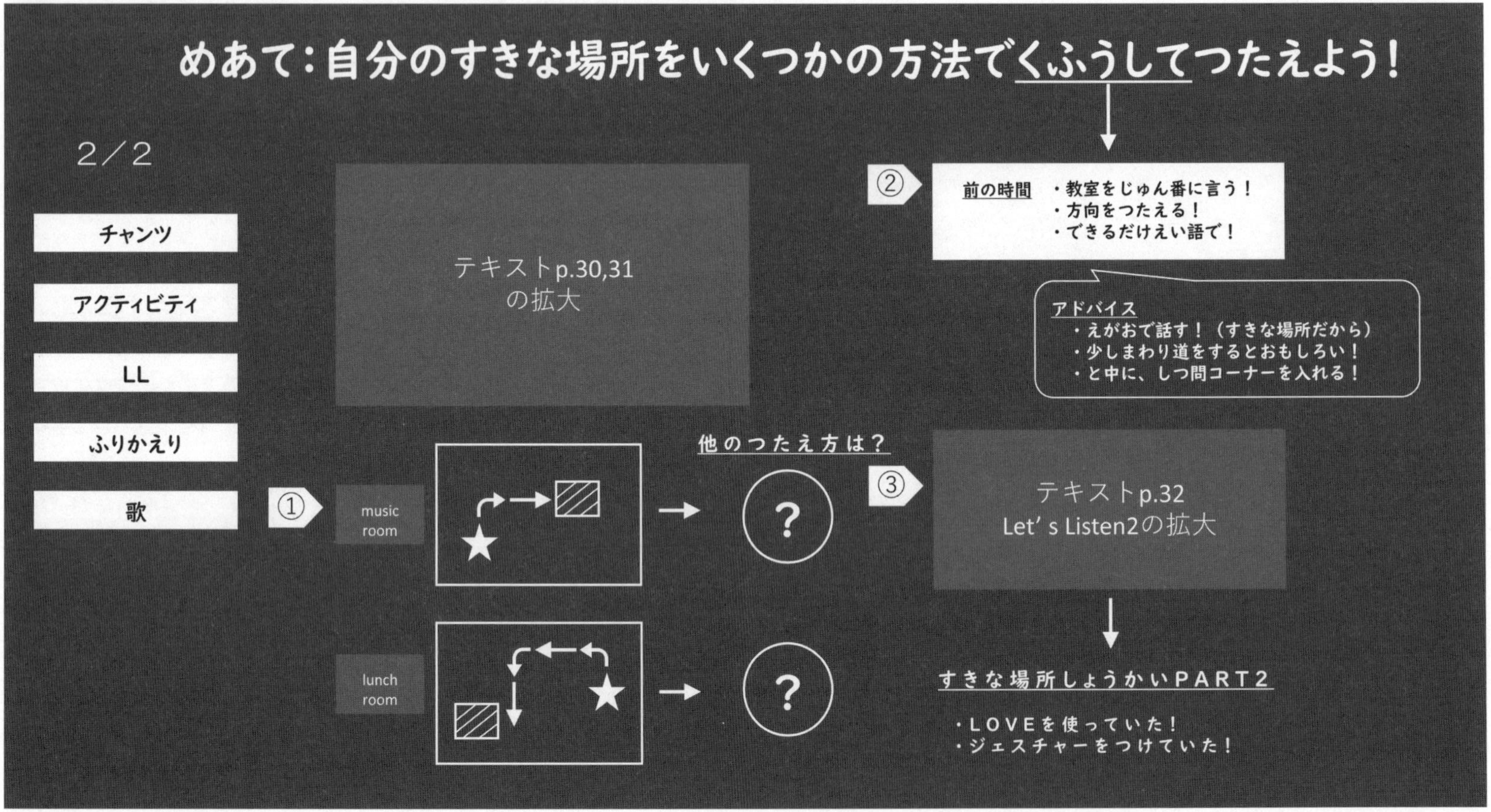

教室名等のカードはデジタル教材で作成

本時の内容（・）とポイント（★）

❶【Let’s Chant】School Chant p.32

・チャンツを歌わせる。

★前時と同様，案内の仕方を確認した後に歌わせることで主体的な取組になります。

★その後，道案内はさまざまな方法があるということを想起させ，「music room」と「lunch room」への案内にはチャンツの歌詞以外にどのようなものがあるかをペアで考えさせます。できるだけ英語で指示が出せるようにアイデアを出し合わせるようにします。

❷【Activity】p.33

・好きな場所を伝え合わせる。

★まず，前時の活動を想起させ，道案内にはさまざまな方法があることを確認します。その後，ペアでお互いにアドバイスをし合った内容を想起させ，前時より改善した取組になるようにします。

★前時とはペアを替えて行います。

★本時は，好きな場所を伝え合うことともに，対話を続けさせる視点で中間評価を行い，あいづちや質問等をしている児童を称賛し，活動が改善するように促します。

❸【Let’s Listen2】p.32

・【LL】に取り組ませる。

★まず，登場人物３人の名前を確認し，お気に入りの教室がどこかを予想させます。その際，４つの場所の英語での言い方を確認しながら行い，反応しながら聞いている児童を称賛します。

（例：Where does Takeru want to go? Classroom? Lunch room?）

★答え合わせの際，【LL】を参考に自分のお気に入りの場所をグループ内で紹介させ，相手に伝える工夫をしている児童を称賛します。

❹ふりかえり

・単元全体をふりかえらせる。

★❶と❷の活動を通して，道案内にはさまざまな方法があり，相手に合わせて工夫しながら伝えようとしていたことを称賛します。また，それができたのは，お互いのアドバイスがあったことを確認します。

★英語を使って，自分の好きな物や場所が言えるようになってきたことについて成長を自覚させるようにします。

❺歌 Goodbye Song（『LT!1』p.8）

・歌を歌わせる。

ふりかえり

今日で，「お気に入りの場所をしょうかいしよう」の学習は終わりです。自分のお気に入りの場所について，色々な英語を使って，相手が分かるように工夫して伝えようとしていたのがすごいなと思いました！

自分の思いや考えを伝えるためには，英語をどう使うかが大事だと思いました！

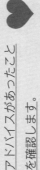

Unit9 This is my day.

ぼく・わたしの一日［5時間］

目標

・日本語と英語の音声やリズムなどの違いに気付き，日課を表す表現に慣れ親しむ。(知識・技能)
・絵本などの短い話を聞いて反応したり，おおよその内容が分かったりする。(思考・判断・表現)
・相手に配慮しながら，絵本などの短い話を聞いて反応しようとする。（主体的に学習に取り組む態度）

中心となる言語活動と単元の見通し

中心となる言語活動　**教師の一日の生活を聞いて，質問に答える。**

外国語を用いたコミュニケーションにおいては，正確さだけではなく，そのベースとして大まかに内容をつかむことが非常に重要です。本単元では，まとまった英語での話を聞き，意味がだいたい分かる経験をさせます。内容は日課についてですが，これはUnit４でも触れています。そこでは，児童の負担を考慮してWake-up Time等を用いていましたが，本単元では，I wake up. のように文を用います。５年生での教科外国語に向けて，英語を「聞こう」「話そう」とする意欲をさらに伸ばしていく単元です。

主な語彙・表現

表現例	I wake up (at 6:00). I have breakfast (at 7:00). I go to school. I go home.
新出語彙	日課（wash my face，go to school，go home，brush my teeth，put away my futon，check my school bag，leave my house，take out the garbage)，everything，later，boy，girl，yummy，wonderful [既出］挨拶，日課，状態・気持ち，動作，教科，This is my favorite place. I，am，it，is，day，you，up，my，have，breakfast，house，the，to，school，homework，dinner，a dream

単元を通した準備物

・ワークシート（Unit９－１，２）　・校内の先生方の写真等　・デジタル教材
・絵カード（日課）　・DVD（Hi, friends! Story Books）

★単元計画

	目標	活動（・）と評価の観点（★）
第1時	日課を表す表現に慣れ親しみ，絵本などの短い話を聞いて反応したり，おおよその内容が分かったりする。	・読み聞かせ ・クイズ　①何をしていた？　②どのページ？ ★日課を表す表現を聞いている（知・技） ・チャンツ What time is it　p. 15 ・並べ替え ★日課を表す表現を聞いている（知・技） ・歌　Goodbye Song（『Let's Try! 1』　p. 8）
第2時	日課を表す表現に慣れ親しみ，絵本などの短い話を聞いて反応したり，おおよその内容が分かったりする。	・読み聞かせ ★短い話を聞いて質問に答えたり，おおよその内容が分かったりしている（思・判・表） ・チャンツ This is how I spend my day.（Hi, friends! Story Books 'Good Morning'） ・ジェスチャー・ゲーム ★日課を表す表現を聞いたり言ったりしている（知・技） ・歌　Goodbye Song（『Let's Try! 1』　p. 8）
第3時	日課を表す表現に慣れ親しみ，まとまりのある話を聞いておおよその内容が分かる。	・読み聞かせ ★短い話を聞いて質問に答えたり，おおよその内容が分かったりしている（思・判・表） ・チャンツ This is how I spend my day.（Hi, friends! Story Books 'Good Morning'） ・カードならべ ・ヒントゲーム ★日課を表す表現を聞いたり言ったりしている（知・技） ・歌　Goodbye Song（『Let's Try! 1』　p. 8）
第4時	まとまりのある話を聞いて，そのおおまかな内容が分かり，反応する。	・チャンツ This is how I spend my day.（Hi, friends! Story Books 'Good Morning'） ・読み聞かせ ★まとまりのある話を聞いて，大まかな内容が分かり，反応している（思・判・表） ・好きなページ紹介 ★まとまりのある話を聞いて，大まかな内容が分かり，反応している（思・判・表） ・歌　Goodbye Song（『Let's Try! 1』　p. 8）
第5時	相手に配慮しながら，まとまりのある話を聞き，反応しようとする。	・チャンツ This is how I spend my day.（Hi, friends! Story Books 'Good Morning'） ・読み聞かせ ・Who am I? クイズ ★相手に配慮しながら，まとまりのある話を聞き，反応している（主） ・歌　Goodbye Song（『Let's Try! 1』　p. 8）

Unit9

This is my day.

ぼく・わたしの一日

第1/5時

児童に慣れ親しませたい英語

日課(wash my face, go to school, go home, brush my teeth, put away my futon 等)

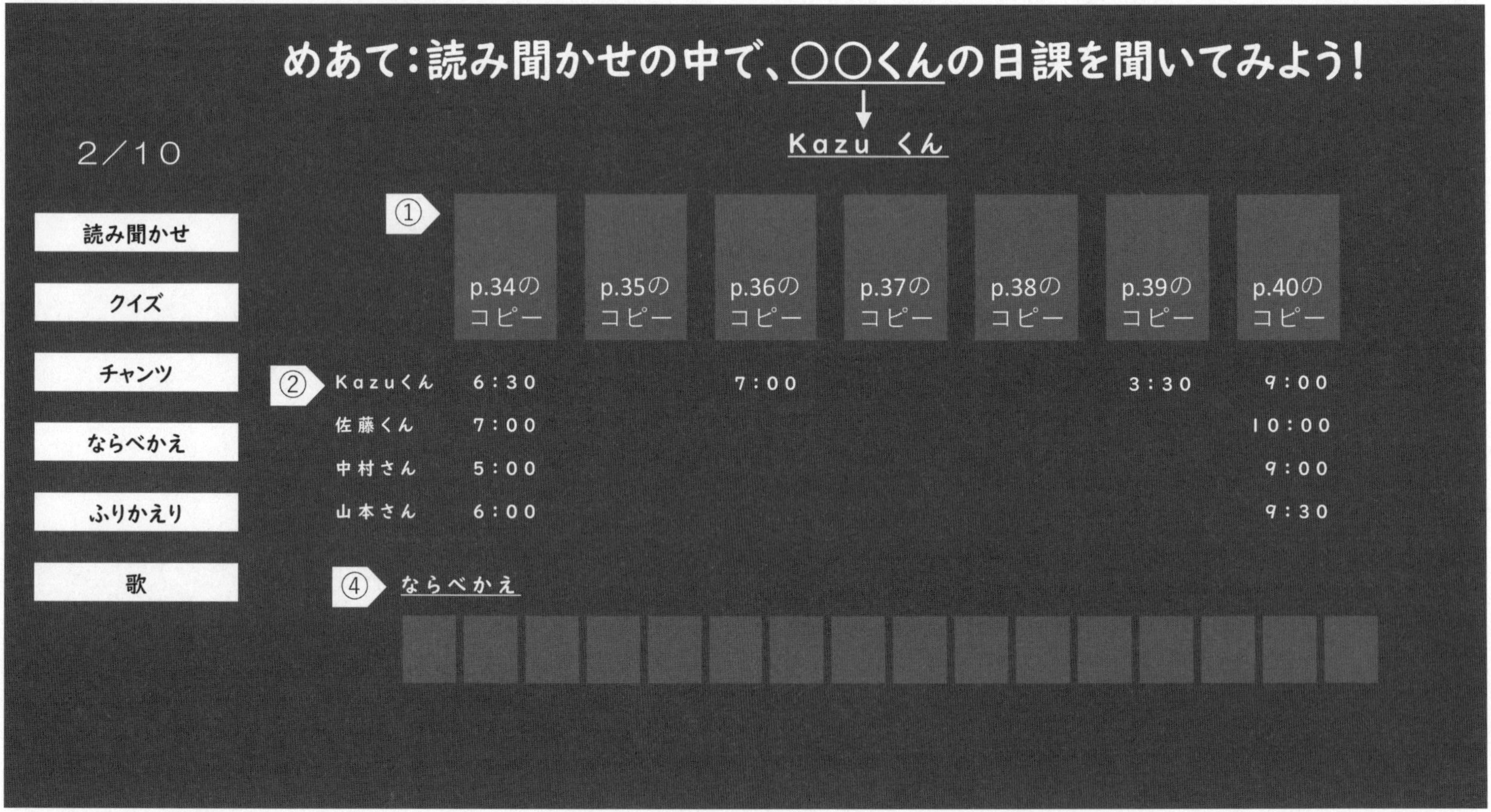

本時の内容（・）とポイント（★）

❶読み聞かせ

・読み聞かせを行う。

★デジタル教材を使用し，最初のページを見せます。児童に何の場面で，どのような話の展開になるかを考えさせ，主体的に聞く意欲を引き出します。

★教師が読み聞かせることで，児童の実態に応じて強調やスピードの変化といった工夫を行うことができます。デジタル音声を使用する場合は，「手動再生」を使って，タイミングを教師が計るようにします。

★ただ読むのではなく，児童に尋ねながらやり取りを行います。

❷クイズ

・クイズに答えさせる。

〈何をしていた？〉

★ Unit 4 で慣れ親しんだ日課の言い方を使い，質問をしながら絵本の内容を振り返らせます。

（例：What's his name? What time is Kazu's 'Wake-up Time'? Kazu's 'Breakfast Time' is……?）

★日課に慣れ親しませることを目的として，何人もの児童に同じ質問を行います。その際，「What time is your 'Wake-up Time'?」と児童自身のことも尋ねることで，主体的なやり取りにします。

〈どのページ？〉

★ Unit 4 で慣れ親しんだ日課を教師が言い，それがテキストのどのページかをペアで考えさせて開かせます。

★教師が言った日課を繰り返したり，尋ねた質問に進んで答えたりしている児童を称賛します。

❸チャンツ What time is it? p.15

・チャンツを歌わせる。

★まず，「What time is it?」の部分だけ歌わせ，内容を想起させます。次に，教師が時間や日課のヒントをジェスチャーで出し，場面を意識して歌わせ，時間や日課の言い方に慣れ親しませます。

❹並べ替え

・カードを絵本の順に並べさせる。

★カード（ワークシート1，2を印刷し，切り離したもの）をシャッフルしてペアに1セット渡します。

★黒板の絵を外して教師が読み聞かせを行い，カードを順番に並べさせます。答え合わせでは，英語を言った後に絵を見せます。その際，進んで聞いたり考えたりしている児童を称賛するとともに，カードの絵と英語の音声を結び付けさせます。

❺ふりかえり（下記参照）

❻歌 Goodbye Song（『LT!1』p.8）

・歌を歌わせる。

ふりかえり

今日は絵本の読み聞かせをしました。どんな話でしたか？　全ての英語が分からなくても，聞き取れた英語や絵で，なんとなく意味が分かったと思います。大まかに理解する力や，こうかなと予想する力がとっても大事ですよ！

考えながら聞くっておもしろい！　頭がよくなる気がします！

Unit9

This is my day.

ぼく・わたしの一日

第2/5時

★ 児童に慣れ親しませたい英語　I wake up. I wash my face. I brush my teeth and comb my hair.

めあて：Kazuくんの日課《にっか》を言ってみよう！

2／17

- 読み聞かせ
- チャンツ
- ゲーム
- ふりかえり
- 歌

①
③
p.34のコピー　p.35のコピー　p.36のコピー　p.37のコピー　p.38のコピー　p.39のコピー　p.40のコピー

② チャンツ → 絵本に出てこない朝の日課は？

デジタル教材で作成 wake up　デジタル教材で作成 wash my face　デジタル教材で作成 brush my teeth

comb my hair

→ 自分の朝の日課を言えそうかな？

言えそう！・・・11人

自分の日課とにているから！

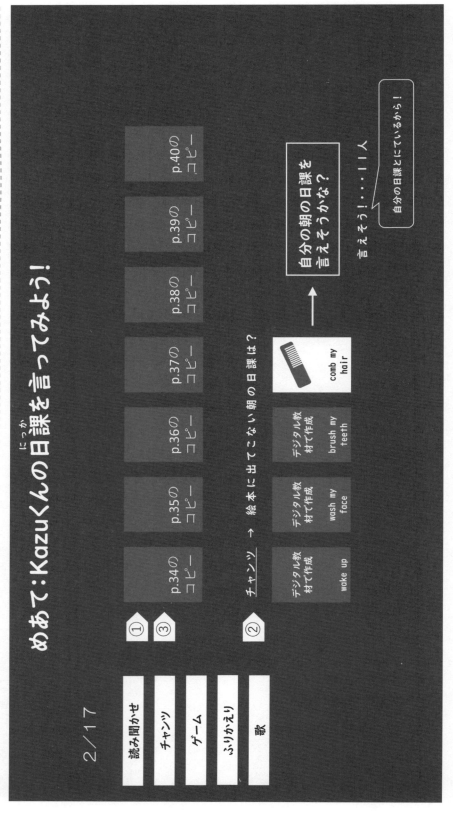

本時の内容（・）とポイント（★）

❶読み聞かせ

・読み聞かせを行う。

★教師が読み聞かせることで，児童の実態に応じて強調やスピードの変化といった工夫を行うことができます。デジタル音声を使用する場合は，「手動再生」を使って，タイミングを教師が計るようにします。

★ただ読むのではなく，児童に尋ねながらやり取りを行い，質問に答えたり反応したりしている児童を称賛します。

〔例〕

Who is this? What time is it? What time is your 'Dinner Time'?

★絵本のセリフで児童が言えそうな所は，教師が途中まで言い，少し間をとることで，児童が主体的に言えるように促します。特に，Unit 4 で扱った日課を表す表現については意識的に取り上げるようにして，積極的に言おうとしている児童を称賛します。

〔例〕

What time is it? Yes. It's 6:00 a.m. I……“wake up”.

What time is it? Yes. It's 7:00 a.m. I have……“breakfast”.

❷チャンツ This is how I spend my day.（Hi, friends! Story Books 'Good Morning'）

・チャンツを歌わせる。

★テンポが速いため，単元を通して少しずつ触れさせるようにします。

★「絵本に出てこないセリフを探してみよう！」と投げかけ，「I wake up. I wash my face. I brush my teeth and comb my hair. Mm, it's a nice day.」までを聞かせます。

★「comb my hair」を引き出し，ジェスチャーを交えて意味を大まかに理解させ，他の動きもカードで示したうえで歌わせます。

❸ジェスチャー・ゲーム

・ゲームに取り組ませる。

★教師が日課を表す動きをジェスチャーで表し，答えを児童に考えさせます。その際，児童が発話しやすいように，ジェスチャーで分かりやすいものを扱い，積極的に言おうとしている児童を称賛します。

（例：wash my face, brush my teeth 等）

★Kazu の日課をふりかえりながら，自分の日課を言えそうか尋ね，次への意欲を高めます。

❹ふりかえり（下記参照）

❺歌 Goodbye Song（『LT 1!』p.8）

・歌を歌わせる。

ふりかえり

今日は日課について英語で言ったり，ジェスチャーの答えを当てたりしました。Kazu の日課なら，少しずつ英語で表現できそうかな？　自分の生活はどう？　Kazu と同じ日課なら，もう言えそうな人もいるね！

英語で日課が少しずつ言えそうです！　他の日課も言ってみたい！

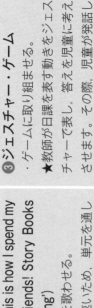

Unit9

This is my day.

ぼく・わたしの一日

第3/5時

児童に慣れ親しませたい英語 I'm hungry／happy. I like ~. I wake up. I wash my face. I brush my teeth and comb my hair.

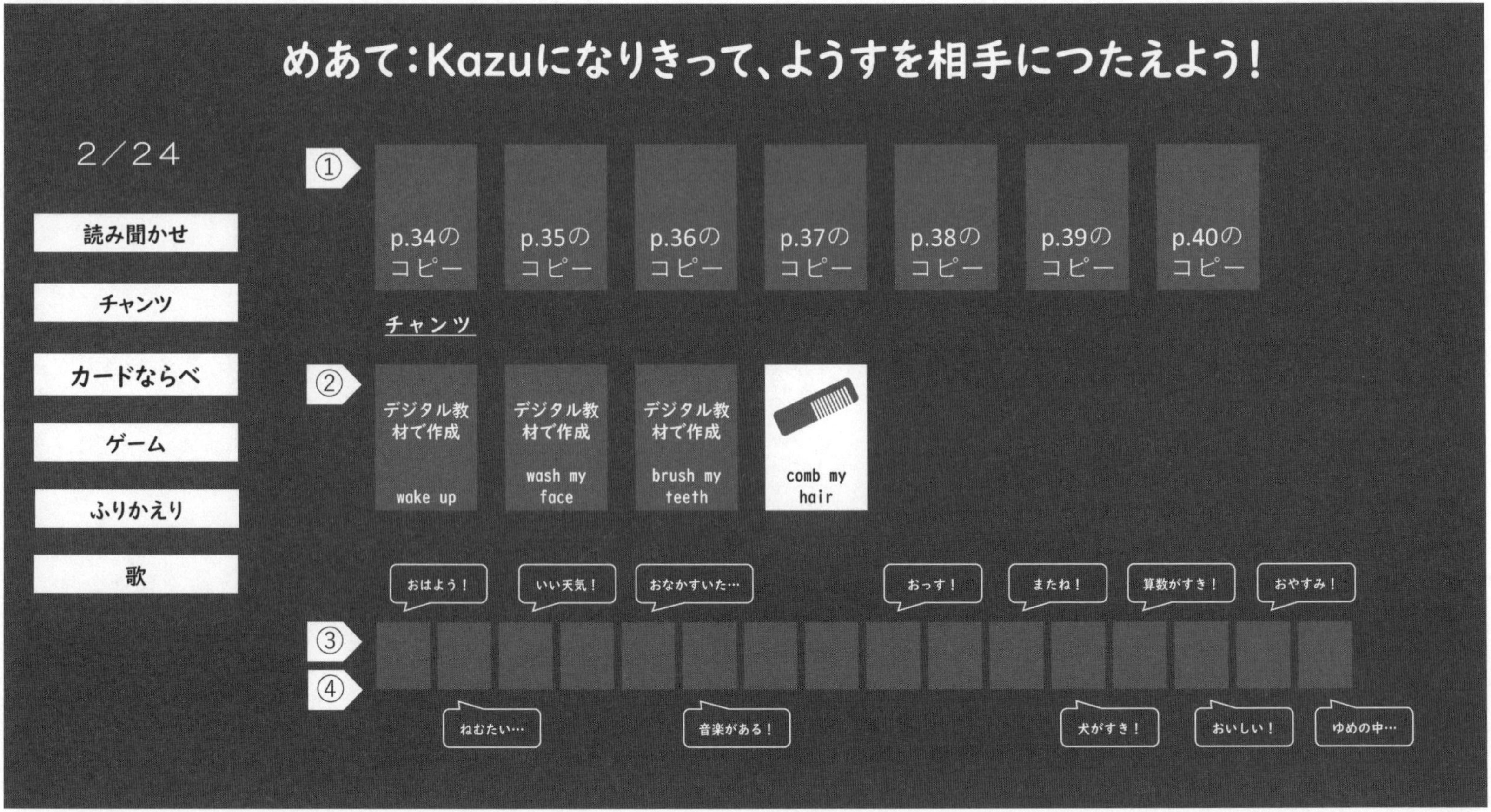

本時の内容（・）とポイント（★）

❶読み聞かせ

・読み聞かせを行う。

★教師が読み聞かせることで，児童の実態に応じて強調やスピードの変化といった工夫を行うことができます。デジタル音声を使用する場合は，「手動再生」を使って，タイミングを教師が計るようにします。慣れ親しんだ語については，事前に児童に言わせることもできます。

★ただ読むのではなく，児童に尋ねながらやり取りを行い，質問に答えたり反応したりしている児童を称賛します。

❷チャンツ This is how I spend my day.（Hi, friends! Story Books 'Good Morning'）

・チャンツを歌わせる。

★前時と同様，カードを示した後に同じ箇所まで歌わせ，リズムと抑揚に慣れ親しませます。

❸カードならべ

・絵カードを順に並べさせる。

★ワークシート１，２を切り離したものをペアに１セットずつ渡し，教師が言った場面の絵カードをペアで並べさせます。その際，Kazu のセリフだけではなく，その場面での気持ちや絵の中にあるものもヒントとして言うようにします。

❹ヒントゲーム

・ゲームに取り組ませる。

★ワークシート１，２の絵カードを切り離したものを，１人に１セットずつ渡します。

★１人が１枚のカードを選び，そのカードでの Kazu の気持ちや描かれているものについて，❸で教師が行ったようにヒントとして言い，相手はそれがどのカードかを考え，同じカードなら合わせて出すようにします。日課等について，英語を使いながら相手に工夫して伝えている児童を称賛します。

ヒントの例(ワークシート１上段左から)

Good morning. Time to wake up./I'm hungry. I like fried eggs./ I'm a good boy./ I like math.

ヒントの例(ワークシート１下段左から)

I'm sleepy./ Today I have math./ Hi!/ I'm happy. I like fish.

ヒントの例(ワークシート２上段左から)

It's fine day./ I have my cap./ See you later. Bye./ Good night./

ヒントの例(ワークシート２下段左から)

I put away my *futon*./ I like you. See you./ Wow, I'm home./ I dream. I like soccer./

❺ふりかえり（下記参照）

❻歌 Goodbye Song(『LT!1』p.8)

・歌を歌わせる。

ふりかえり

今日は絵カードを見ながら，自分でヒントを工夫して，相手にどのカードかを伝えました。その絵カードの中の Kazu の気持ちをしっかり考えられている人が多かったし，それを英語で表現できていたのがすごかったよ！

Kazu になりきって，自分の思いを表現することができました！

Unit9

This is my day.

ぼく・わたしの一日

第4/5時

児童に慣れ親しませたい英語　I go to school. I study English. I play with my friends.

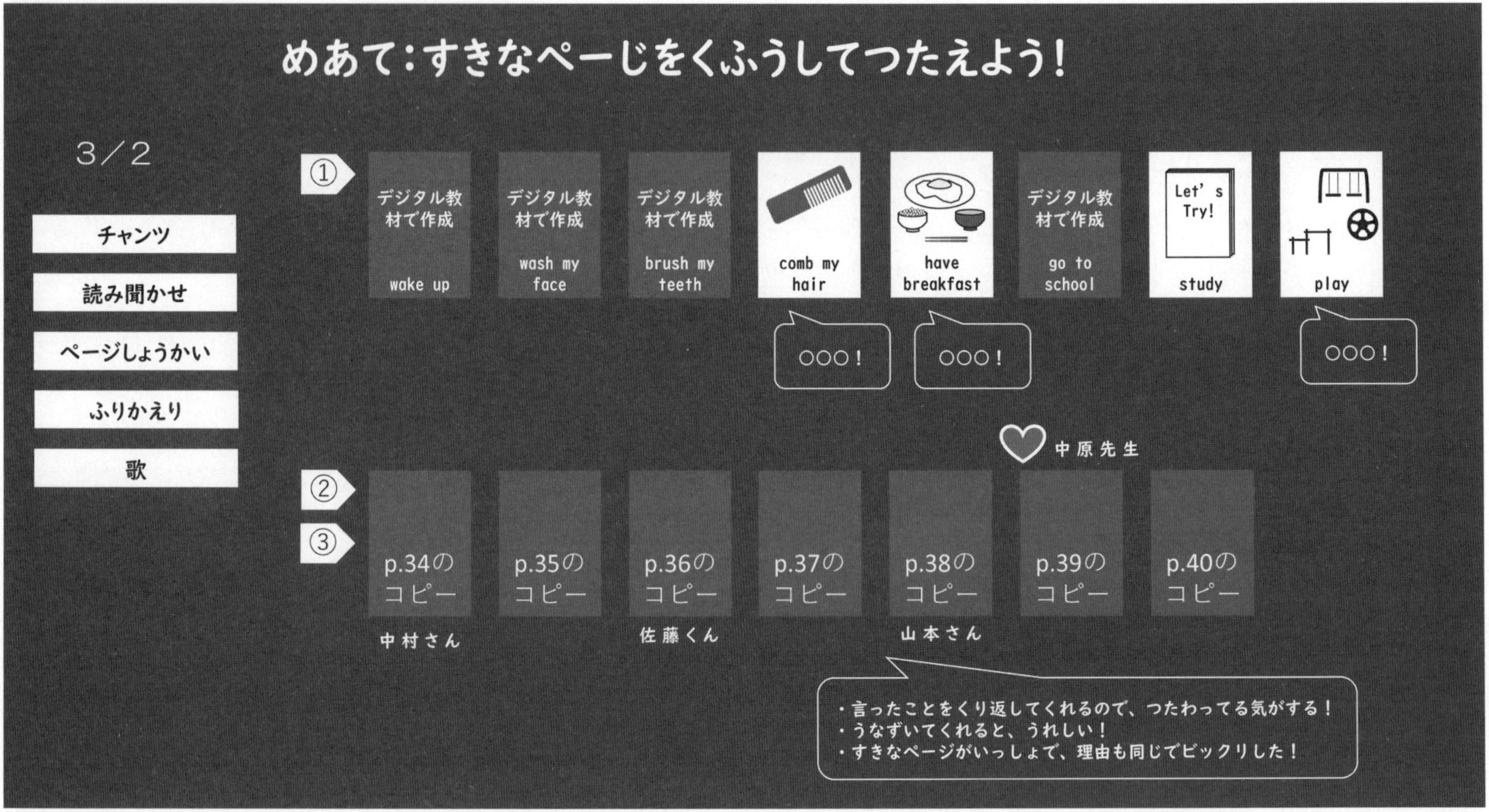

本時の内容（・）とポイント（★）

❶チャンツ This is how I spend my day. (Hi, friends! Story Books 'Good Morning')
・チャンツを歌わせる。
★まず，前時と同じ場面まで歌わせ，「次はどうなる？」と予想させてから続きを聞かせます。
★合いの手も含めて「I play with my friends. Mm, it's fun!」までを確認し，数回リズムに合わせて歌わせますが，実態に応じて，さらに続きを扱うこともできます。その際も，まずは予想させ，その後に英語を聞かせてから歌うことで，児童の積極性を引き出します。

❷読み聞かせ
・読み聞かせを行う。
★教師が読み聞かせることで，児童の実態に応じて強調やスピードの変化といった工夫を行うことができます。デジタル音声を使用する場合は，「手動再生」を使って，タイミングを教師が計るようにします。慣れ親しんだ語については，事前に児童に言わせることもできます。
★ただ読むのではなく，児童に尋ねながらやり取りを行い，質問に答えたり反応したりしている児童を称賛します。

❸好きなページ紹介
・教師の好きなページ紹介を聞かせた後，自分が好きなページを紹介させる。
★教師が好きなページについて説明します。その際，反応しながら聞いている児童を称賛します。
〔例〕
I like this page. Kazu, a green curtain, a window, a chair, a desk, pencils……. I like cats. Do you like cats? What animal do you like? This cat is very, very cute. I like this page very much !

★「What page do you like?」と尋ね，好きなページを決めさせます。
★何人かに再度尋ね，kazu になりきったり，そのページに描かれているものをヒントとして出させたりして，周りの児童にどのページが好きかを考えさせます。その際，ペアで「Dog? Here!」とやり取りしながら答えを考えさせることで，相手に伝わるように英語を使うといった相手意識をもたせることができます。
★同様の活動をペアで行わせ，お互いの良さを発表させます。

❹ふりかえり（下記参照）
❺歌 Goodbye Song（『LT!1』p.8）
・歌を歌わせる。

ふりかえり

今日は自分の好きなページを相手に伝えました。ページにある絵について，工夫したヒントを出している人がたくさんいました！　聞いている方も，答えを言うだけではなく，相手の話に反応しながら会話を盛り上げていたのがいいね！

自分の好きなページを工夫して伝えたら，相手が分かってくれてうれしかった！

Unit9 This is my day.

ぼく・わたしの一日

第5/5時

★児童に慣れ親しませたい英語　I go home. I finish my dinner. I take a bath. I'm sleepy. Good night.

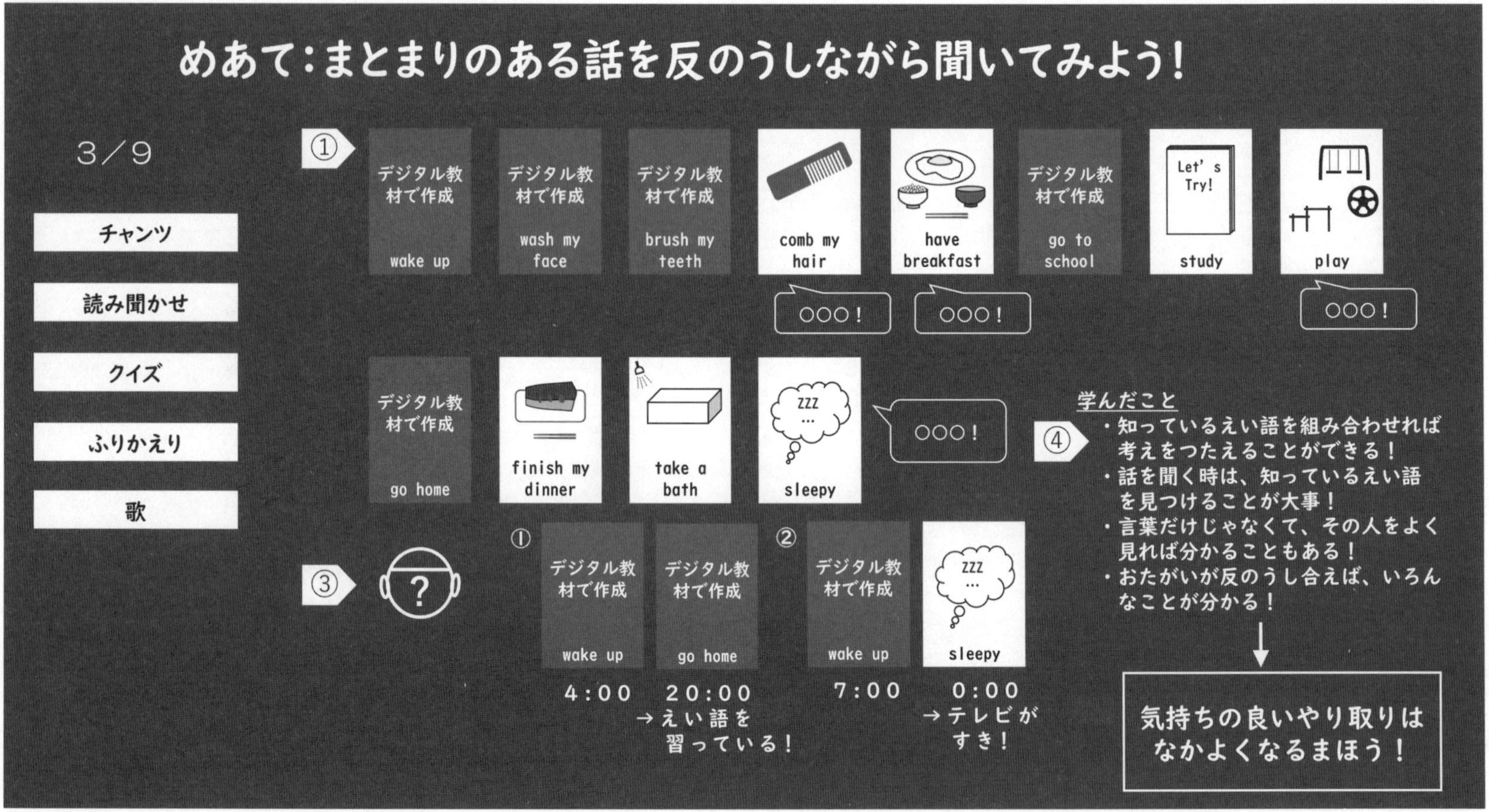

本時の内容（・）とポイント（★）

❶チャンツ This is how I spend my day. (Hi, friends! Story Books 'Good Morning')

・チャンツを歌わせる。

★まず，前時と同じ場面まで歌わせ，「次はどうなる？」と予想させてから続きを聞かせます。

★合いの手も含めて全体を確認し，数回リズムに合わせて歌わせます。

★合いの手を自分の言葉に替えて言わせ，主体的な学びを促します。

★最後に，チャンツを参考に自分の一日をペアの友だちに伝えさせ，ペアには合いの手を入れさせます。

❷読み聞かせ

・読み聞かせを行う。

★本時はカードを貼らずに，音声のみで行います。

★教師が読み聞かせることで，児童の実態に応じて強調やスピードの変化といった工夫を行うことができます。慣れ親しんだ語については，事前に児童に言わせることもできます。

★児童に尋ねながらやり取りを行うとともに，❶の活動を生かして合いの手を入れさせることで主体的な学びを促します。

❸ Who am I? クイズ

・教師の一日の生活を聞いて，どの先生かを答えさせる。

★まず，教師が自分の一日の生活をやり取りしながら紹介します。(例：What time is your 'Wake-up Time'? (At) 7:00? I wake up at 6:00. I eat breakfast. Yummy! Do you eat breakfast every day?)

★次に，事前に聞いた他の先生の生活を，その先生になりきり，やり取りしながら紹介して，それが誰かを当てさせます。その際，合いの手を入れたり，反応したりしながら聞いている児童を称賛します。

❹ふりかえり

・単元と1年間をふりかえらせる。

★❶❷❸の活動を通して，まとまりのある英語の話の要点を捉え，合いの手を入れながら聞けるようになっていることを称賛します。聞き手が反応することが円滑なコミュニケーションにつながるとともに，伝える側は反応を見て，より良く伝える方法を工夫することが大切であることも話します。

★最後に，どんなことを学んだかを問いかけて考えさせ，テキストの最終ページに書かせます。

❺歌 Goodbye Song(『LT!1』p.8)

・歌を歌わせる。

ふりかえり

今日で，「ぼく・わたしの一日」の学習と，4年生の外国語活動が終わりです。どんなことを学んだかな？　なるほど。反応や質問をしながら話を聞くことで，お互に気持ちの良いやりとりになることを学んだんだね！　大事なことです！

気持ちの良いやり取りは，友だちと仲良くなれる魔法だと思います！

参考文献

●小学校学習指導要領（平成29年告示）

http://www.mext.go.jp/component/a_menu/education/micro_detail/__icsFiles/afieldfile/2018/09/05/1384661_4_3_2.pdf

●小学校学習指導要領（平成29年告示）解説　外国語活動・外国語編

http://www.mext.go.jp/component/a_menu/education/micro_detail/__icsFiles/afieldfile/2019/03/18/1387017_011.pdf

●小学校学習指導要領（平成29年告示）解説　総則編

http://www.mext.go.jp/component/a_menu/education/micro_detail/__icsFiles/afieldfile/2019/03/18/1387017_001.pdf

●生徒指導提要

http://www.mext.go.jp/a_menu/shotou/seitoshidou/1404008.htm

●小学校外国語活動・外国語研修ガイドブック

http://www.mext.go.jp/a_menu/kokusai/gaikokugo/1387503.htm

●新学習指導要領に対応した小学校外国語教育新教材について（第４学年学習指導案例）

http://www.mext.go.jp/b_menu/shingi/chousa/shotou/123/houkoku/1382162.htm

●『はじめての小学校英語　授業がグッとアクティブになる！活動アイデア』（明治図書）

https://www.meijitosho.co.jp/detail/4-18-211923-1

【著者紹介】

江尻　寛正（えじり　ひろまさ）

岡山県教育庁義務教育課指導主事

スポーツクラブインストラクター，京都府教諭，東京都教諭，サンパウロ日本人学校教諭，岡山県教諭を経て現職。

現在は小学校英語だけではなく，児童の情報活用能力や創造的思考力育成のために，ICT 活用教育やプログラミング教育にも力を注いでいる。

小学校英語に関しては，「基礎英語０～世界エイゴミッション～」番組委員（2017，NHK）を務め，単著「英語が話せない先生のための小学校外国語指導の教科書」（2019，明治図書），「はじめての小学校英語」（2017，明治図書），執筆協力「小学校外国語活動研修ガイドブック」（2009，文部科学省）等多数，情報教育に関しては Scratch 2018 Tokyo での発表等がある。

板書で分かる　小学校外国語活動
“Let’s Try！２”の授業づくり　４年

2019年７月初版第１刷刊
2021年７月初版第２刷刊
©著　者　江　尻　寛　正
発行者　藤　原　光　政
発行所　明治図書出版株式会社
http://www.meijitosho.co.jp
（企画）佐藤智恵（校正）粟飯原淳美
〒114-0023　東京都北区滝野川7-46-1
振替00160-5-151318　電話03（5907）6703
ご注文窓口　電話03（5907）6668

＊検印省略
組版所　長野印刷商工株式会社

Printed in Japan　ISBN978-4-18-298311-5